Khenpo Karthar Rinpoche

A Roda que Realiza todos os Desejos

Khenpo Karthar Rinpoche

A Roda que Realiza todos os Desejos

A prática de Tara Branca

Tradutores:
Lama Wangdu e Nádima Nascimento

Teresópolis, 2017

© 2003 Karma Triyana Dharmachakra
Esta obra é uma tradução do livro:
Wish-Fullfilling Wheel - The practice of White Tara, autor Khenpo Karthar Rinpoche, Rinchen Publications, Kingston, NY
Direitos desta edição:
© 2017 2AB Editora Ltda
(Lúcida Letra é um selo editorial da 2AB Editora)

Coordenação editorial: Vítor Barreto
Revisão: Joice Costa e João Yuri

DADOS INTERNACIONAIS DE CATALOGAÇÃO NA PUBLICAÇÃO (CIP)

R582r   Rinpoche, Karthar, 1924-.
       A roda que realiza todos os desejos : a prática de Tara Branca / Khenpo Karthar Rinpoche. – Teresópolis, RJ : Lúcida Letra, 2016.
       240 p. ; 21 cm.

       Inclui apêndice.
       ISBN 978-85-66864-41-0

1. Budismo. 2. Tara Branca. 3. Realização. I. Título.

CDU 294.3
CDD 294.34

Índice para catálogo sistemático:
1. Budismo   294.3

(Bibliotecária responsável: Sabrina Leal Araujo – CRB 10/1507)

Sumário

Prefácio	3
Apresentação da edição brasileira e agradecimentos	7
Prefácio	10
Curta biografia de Khenpo Karthar Rinpoche	17
Introdução	23
As seis linhagens e sua história	42
A prática principal: súplica à linhagem	54
A prática principal: tomada de refúgio	61
A prática principal: gerando a bodhicitta	69
A prática principal: fase de desenvolvimento (Kyerim)	74
A prática principal: recitação de mantra (Ngagrim)	112
A prática principal: fase de conclusão (Dzogrim)	132
A prática principal: oferenda de Torma	147
A prática principal: dedicação de mérito e orações de auspiciosidade	174
A aplicação da prática da Roda de Proteção	178
Adquirindo poder para o benefício dos seres	185
Conclusão	191
Dedicatória da patrocinadora	197
Apêndice A: Prática Diária de Tara Branca composta por Kunkhyen Tai Situ Tenpal Nyinje	199
Apêndice B: Uma prática diária simples da Nobre Roda que realiza todos os desejos, intitulada "Realizando a Imortalidade"	221
Apêndice C: Verdadeiras Palavras de Longevidade	234
Apêndice D: A Cronologia da Linhagem Direta Karma Kagyu para a Prática de Tara Branca	236

Apresentação da edição brasileira e agradecimentos

A grata possibilidade de apresentar ao público brasileiro os ensinamentos de Khenpo Karthar Rinpoche sobre a prática de Tara Branca em língua portuguesa é fruto de causas e condições reunidas que denotam a formação de uma *Sangha* interessada e motivada em conhecer e praticar os ensinamentos do Senhor Buda e da generosidade de mestres dispostos a orientá-la, a partir de sua sabedoria e compaixão.

O contato com a prática de Tara Branca se iniciou em 2008, graças a generosidade e perseverança de Lama Karma Tartchin, que já havia realizado o tradicional retiro de três anos, três meses e três dias em Karme Ling Retreat Center, próximo à Woodstock (NY), nos EUA, sob a orientação de Khenpo Karthar Rinpoche. Naquele ano, Lama Tartchin organizou a vinda do Khenpo Rinpoche ao Brasil. No Karme Thegsum Tcholing (KTT), Rio de Janeiro (RJ), recebemos diferentes ensinamentos e iniciações, dentre elas a da prática de Tara Branca. Em seguida, Khenpo Rinpoche seguiu à Brasília (DF) e, além de conceder novas iniciações e ensinamentos no Kagyu Pende Gyamtso (KPG), consagrou o centro de retiro Osel Choling, em Brazlândia (DF) que, nos anos seguintes, receberia o primeiro retiro tradicional de três anos, três meses e três dias da linhagem Palden Shangpa, realizado no Brasil sob orientação dos queridos mestres de retiro, Lama Trinle e Lama Sonam, e auspícios do Venerável Kyabje Kalu Rinpoche.

Após concluir a participação no referido retiro de três anos, realizado entre 2010 e 2013, fui procurado por uma estudante do Dharma do KPG, centro budista do qual faço parte, que estava interessada em conhecer a prática de Tara Branca. Para que pudesse se familiarizar com a prática, sugeri que ela iniciasse a leitura e tradução do presente livro, ainda em língua inglesa, para o português, e ela aceitou o desafio. Ao longo do ano de 2015, Nádima Nascimento encaminhava os capítulos traduzidos para minha revisão e dessa forma iniciamos o presente trabalho, cujo erros e imperfeições assumo integralmente e, desde já, apresento humildemente minhas escusas.

No final de 2015, encontrei-me com Khenpo Karthar Rinpoche, no Karme Ling Retreat Center, graças à gentileza do Lama Karma Drodul e Lama Karma Lodro, e tive a oportunidade de comunicá-lo sobre o projeto de tradução do seu livro sobre a prática de Tara Branca para a língua portuguesa e a intenção de sua publicação no Brasil. Khenpo Rinpoche consentiu a ideia, sob a condição de que conversasse a respeito com Kyabje Kalu Rinpoche. E assim foi feito durante o Shangpa Monlam, realizado no Palden Shangpa La Boulaye, na França, em agosto de 2016.

A presente publicação só foi possível pelo entusiasmo e amizade de Lia Beltrão que, durante nossos estudos no segundo semestre de 2015 no *Library of Tibetan Works and Archives*, em Dharamsala, noroeste da Índia, apresentou-me a possibilidade de publicação do presente livro pela Editora Lúcida Letra, posteriormente confirmada pelo interesse e disposição de Vítor Barreto, que não apresentou óbices ou dificuldades para a viabilização deste projeto.

Ademais, os contatos e informações fornecidas pelos Lama Karma Drodul, Lama Karma Lodro, Ani Lodro Lhamo e Sra. Louise Light, do Karma Triyana Dharmachakra, NY, (KTD), bem como a autorização para a publicação da obra no Brasil dada pela Sra. Maureen McNicholas, responsável KTD Publications e detentora dos direitos autorais da presente obra, foram fundamentais para a viabilização desta versão em português. Nossa sincera gratidão a todos.

Além disso, não poderia deixar de agradecer e registrar todo o meu respeito e gratidão pelos meus professores Lama Trinle, Lama Sonam e Lama Tartchin por todos os ensinamentos e orientações ao longo da minha breve e inexperiente trajetória no caminho do BuddhaDharma, bem como minha profunda devoção pelos mestres Sua Santidade, o Dalai Lama, Sua Santidade, o Karmapa, Venerável Tai Situ Rinpoche, Mingyur Rinpoche e por meu guru Kyabje Kalu Rinpoche, que por profunda inspiração e compaixão me fazem perseverar no caminho.

Por fim, a minha sincera gratidão e devoção pelo nosso querido Khenpo Karthar Rinpoche, cuja compaixão e legado são difíceis de serem alcançados por nossas mentes mais confusas. À sua longa vida e atividade dedico esse trabalho de tradução, com o coração pleno e uma profunda aspiração de que seus ensinamentos possam beneficiar inumeráveis seres.

Lama Wangdu (Bruno)
março de 2017

Prefácio

A prática de Tara Branca desempenhou um papel vital na vida de grandes mestres como Atisha, Gampopa e Jamgon Kongtrul, o Grande, até mesmo em nosso próprio tempo ela tem sido crucial na vida de Kalu Rinpoche, Bokar Rinpoche e Khenpo Karthar Rinpoche, dentre outros. Além disso, ela é acolhida por todas as quatro escolas do budismo tibetano, cada uma das quais mantendo variações, a partir da mesma linhagem original. Como muitas pessoas alcançaram realizações e *siddhis* por meio desta prática, Khenpo Karthar Rinpoche lembra-nos repetidamente nestes ensinamentos que "a prática de Tara Branca pode conduzir-nos ao completo despertar". Poderia haver recomendação melhor do que esta?

Neste livro reuni todos os ensinamentos de Khenpo Karthar Rinponche sobre a prática de Tara Branca. Tendo feito a prática em retiro de três anos, sempre me encantei com sua simplicidade e profundidade, e fiquei emocionada por ter esta oportunidade de ajudar a torná-la mais acessível aos outros. Por meio das transcrições, descobri que é um ensinamento raro e único que pode inspirar tanto praticantes experientes como iniciantes. São ensinamentos autênticos da linhagem Kagyu, infalíveis em beneficiar todos indivíduos que tenham contato com eles.

Ao longo dos anos, Rinpoche deu três ensinamentos distintos sobre a prática de Tara Branca. A transcrição que constitui o núcleo deste livro se refere ao mais extenso e detalhado dos três, conferido ao longo de um mês, em 1986, no Karma Triyana Dharmachakra (KTD), a base norte-americana de Sua Santidade, o Karmapa, em Woodstock, Nova York. Em 1990, em um retiro de Tara Branca, ele conferiu

A roda que realiza todos os desejos

mais ensinamentos, também no KTD. A terceira vez ocorreu na primavera de 2002, em um seminário de fim de semana conferido no Karma Thegsum Choling (KTC), em Tampa, na Flórida. Todos os ensinamentos conferidos pelo Rinpoche foram baseados nos comentários de Jamgon Kongtrul, o Grande sobre a prática Tara Branca e no texto de prática escrito por Kunkhyen Tenpai Nyinje, o 8º Tai Situ Rinpoche.

Durante os ensinamentos de 1986, o Rinpoche ensinou tudo duas vezes. Enquanto percorria o texto, primeiramente, dava uma explicação inicial sobre alguns aspectos da prática. Alguns dias depois, revisava o mesmo ensinamento e apresentava seus próprios comentários sobre ele. Para ficar mais claro, esses dois ensinamentos foram fundidos num único texto. No entanto, eventuais digressões, não diretamente relacionadas ao foco principal dos ensinamentos, foram incluídas nas notas finais. Foi também desta forma que organizei as perguntas e respostas das sessões dos ensinamentos originais. Nos trechos em que propiciavam maior clareza, foram incorporadas aos próprios ensinamentos; quando abordavam temas não diretamente relacionados ao ensinamento principal, permaneceram como perguntas e respostas.

Para minha surpresa, ao mesclar os ensinamentos de 1990 e 2002 na edição original transcrita, descobri que os ensinamentos proferidos pelo Rinpoche em 2002 complementavam integralmente os de 1986, e que alguns detalhes deixados de fora estavam presentes no outro, e vice-versa. Ambos foram ilustrados com anedotas, mas eram histórias diferentes, o que tornou este livro mais pleno e interessante. Além disso, embora os ensinamentos de 1990 fossem curtos, eles continham algumas joias preciosas de *insight* e humor,

Khenpo Karthar Rinpoche

que encontraram seu lugar neste livro. Ao todo, as três transcrições originais dos ensinamentos totalizaram 348 páginas.

Termos tibetanos e sânscritos não aparecem como são escritos na língua original, mas como normalmente são pronunciados. Palavras e nomes tibetanos e sânscritos que atualmente possuem um uso comum no inglês não estão em itálico, e seus equivalentes em sânscrito ou tibetano aparecem entre parênteses e itálico. Palavras que não são amplamente utilizadas e, portanto, podem representar um vocabulário novo para muitos leitores estão em itálico, tanto tibetano como sânscrito.

Os apêndices A e B contêm os textos de prática compostos por Situ Rinpoche e Jamgön Kongtrul Rinpoche. Durante os ensinamentos de 2002 na Flórida, Khenpo Rinpoche passou linha por linha do texto de Situ Rinpoche, e eu adaptei a minha tradução do texto com suas explicações. Quando este livro estava quase concluído, pedi ao Rinpoche que comentasse sobre as diferenças entre estes dois textos de práticas. No entanto, toda vez que lhe perguntei, ele insistiu em dizer que as duas práticas eram idênticas. Como os textos em si não são literalmente os mesmos, o que isso poderia significar?

Cheguei à conclusão de que ele gostaria que as pessoas entendessem que seus ensinamentos são igualmente aplicáveis a ambas as práticas. Nenhuma é melhor que a outra. Ou seja, a decisão sobre qual delas fazer é inteiramente sua. Pratique aquela com a qual você se sentir mais à vontade ou alterne entre as duas.

Do meu ponto de vista, considero as diferenças entre os dois textos de grande valor. O texto de Situ Rinpoche é mais formal e representa uma boa ajuda para se obter mais clareza/objetividade, especialmente no que diz respeito às visualizações de oferendas. O texto de Jamgön Kongtrul possui algumas passagens contendo uma adorável linguagem devocional, sendo uma ajuda maravilhosa para aprimorar a devoção. Além disso, embora ambas as práticas sejam bastante curtas, a prática de Jamgön Kongtrul é mais curta, sendo uma boa opção quando o tempo disponível for limitado.

Se você é novo nesta prática, pode começar com o texto de Situ Rinpoche, por ser bastante útil no desenvolvimento da visualização. Depois de se familiarizar completamente com as visualizações, você pode alternar as duas práticas ou escolher aquela que preferir. Se você estiver fazendo um retiro de Tara Branca com duas ou três sessões diárias de meditação, é bom fazer a prática Situ Rinpoche na primeira sessão e a prática de Jamgön Kongtrul na última sessão. No meu retiro de três anos, meu mestre de retiro nos fez alternar as duas práticas desde o início, e eu continuo praticando desta forma.

Fico impressionada com a grande bondade e generosidade do Khenpo Rinpoche em conferir esses ensinamentos raros e maravilhosos. Trata-se de um tesouro, e eu rezo do fundo do meu coração que meus esforços editoriais os tornem mais acessíveis e que de forma alguma os tenha prejudicado. Estou muito grata por este projeto ter sido confiado a mim, um projeto que me tem sido tão significativo e enriquecedor e, dessa forma, suplico que as dakinis e protetores sejam pacientes.

Pelo mérito dos esforços de todos aqueles que tornaram possível este livro, possa Khenpo Rinpoche ter longa vida, muito longa, e que continue a beneficiar inumeráveis seres. Ele é uma verdadeira joia que realiza todos os desejos.

Khenpo Karthar Rinpoche

Nesse sentido, gostaria de chamar a atenção do leitor para a questão trazida pelo Rinpoche neste livro sobre o uso da prática de Tara Branca para prolongar a vida dos nossos mestres. Peço a todos que lerem este livro que levem este ensinamento a sério e usem esta prática para a longa vida do Rinpoche e de outros grandes mestres do budismo tibetano. Com isto em mente, e porque ainda não está amplamente disponível, a oração de longa vida ao Rinpoche composta por Sua Santidade, o Karmapa em maio 2002 está incluída no Anexo C.

Quero agradecer Khenpo Karthar Rinpoche por sua paciência para responder às minhas perguntas. Também quero agradecer ao David McCarthy, da Rinchen Publications, por sua ajuda e apoio incansáveis, bem como à Kristin Van Anden, que tem sido uma amiga maravilhosa e inspiradora. Sua dedicatória enquanto patrocinadora no final do livro é testemunho de sua própria conexão pessoal com a prática de Tara Branca. Ao meu marido, Lee Pritchard, porque nada disso seria possível sem o seu apoio constante e generoso. Por último, mas não menos importante, gostaria de agradecer aos três tradutores – Ngödup Tsering Burkhar, Chöjor Radha, e Lama Yeshe Gyamtso – por suas refinadas traduções, bem como aos centros de Dharma Karma Triyana Dharmachakra, em Woodstock, Nova York e Karma Thegsum Chöling, em Tampa, Flórida, por sua bondade em tornar as transcrições dos ensinamentos disponíveis.

Possa este livro ser de grande benefício para todos que o lerem, tocarem, ou que ao menos venham a ouvir falar sobre ele, e possam incontáveis seres alcançarem a liberação por meio desta prática.

Karma Sonam Drolma
Janeiro 2003.

Agradecimentos

Um livro desta natureza consubstancia uma grande quantidade de dedicação e trabalho de um grande número de pessoas, e eu gostaria de expressar meu profundo apreço pelo excelente trabalho que fizeram. Tendo trabalhado em estreita colaboração com cada um deles, tenho sido inspirada por seu altruísmo e compromisso com o caminho do *bodhisattva*.

Antes de tudo, toda nossa gratidão à Karma Drolma Sonam por seu trabalho talentoso e incansável em tornar esse livro realidade. Não só ela fez a extensa edição e organização do material, mas também traduziu os dois textos da prática de Tara Branca encontrados nos anexos A e B. A conclusão deste livro é uma expressão de sua grande devoção a Khenpo Karthar Rinpoche e sua aspiração de tornar esses ensinamentos disponíveis a todos.

Somos também gratos a Louise Light, responsável pela criação visual completa deste livro, incluindo o *layout* da página, o trabalho gráfico interno e a apresentação visual da capa[1]. O resultado final é um testemunho de seus prodigiosos talentos profissionais e sua energia, sem mencionar sua devoção, paciência e generosidade ao longo dos vários meses que foram necessários para a conclusão deste projeto.

Quero agradecer a Kristin Van Anden, que fez generosas contribuições financeiras para a produção do livro e também contribuiu com sua experiência literária no processo de edição e revisão. Também quero expressar o meu apre-

---

1 O projeto gráfico desta edição é diferente do projeto da edição original. Por razões contratuais e também para adequar o livro dentro do contexto da Lúcida Letra e do público brasileiro, um novo projeto foi contratado.

ço a Daia Gerson, que leu todo o manuscrito e fez valiosas sugestões editoriais.

Meus agradecimentos também para: Michael e Margaret Erlewine, que forneceram a arte que aparece ao longo do livro; a Lama Tsultrim, que demonstrou os *mudras*; Seichi Tsutsumi, que tirou as fotos dos *mudras* e viabilizou os belos retratos recentes do Rinpoche que aparecem na quarta capa e no livro; e a Peter Van Deurzen, que tirou a foto da estatueta de Tara Branca que aparece na capa. Esta estatueta, em particular, foi dada ao Khenpo Karthar Rinpoche como presente de aniversário, no verão de 2002, por seus alunos, juntamente com muitas orações por sua longa vida. Eu também gostaria de estender os meus agradecimentos pessoais aos tradutores dos ensinamentos originais deste texto, Ngödup Burkhar e Lama Yeshe Gyamtso, por seus serviços incansáveis ao BuddaDharma ao longo dos anos.

Por fim, gostaria de expressar a minha gratidão e devoção ao Khenpo Karthar Rinpoche, com a aspiração de que este livro possa ser um reflexo apropriado da pureza e profundidade de sua vida e ensinamentos, e que ele venha a trazer grande benefício para incontáveis seres.

David McCarthy
Presidente da Rinchen Publicações

Breve Biografia de Khenpo Karthar Rinpoche

O Venerável Khenpo Karthar Rinpoche nasceu em uma modesta família nômade, em Rabshu, na província de Kham, no leste do Tibete, ao nascer do sol sobre o auspicioso vigésimo nono dia do segundo mês do Ano do Rato/Madeira (1924). Ele recebeu o nome Karma Tharchin, que mais tarde foi encurtado para Karthar.

Ambos os pais de Rinpoche foram dedicados praticantes budistas. Seu pai era um devoto do *bodhisattva* Manjushri e recitava constantemente o Sutra de Manjushri. Logo pela manhã, acordava com as palavras do sutra em seus lábios. Ele ensinou o Rinpoche a ler e escrever bem cedo. Isso lhe possibilitou começar a estudar e memorizar textos budistas sagrados enquanto ainda era muito jovem, e ele o fez com grande entusiasmo.

Quando criança, Rinpoche sempre admirou e queria ser como seus dois irmãos mais velhos, ambos ordenados monges. Quando completou 12 anos, deixou sua casa e entrou para o mosteiro, onde passou seis anos estudando e praticando. Quando tinha dezenove anos, Rinpoche foi para o Mosteiro Tsurphu, onde pela primeira vez se encontrou com Sua Santidade, o 16º Karmapa, que também tinha dezenove anos. Sua Santidade ainda não tinha idade suficiente para dar ordenação completa, então, no ano seguinte Rinpoche recebeu seus votos monásticos do 11º Tai Situ Rinpoche, no Monastério Palpung.

Logo após ser ordenado monge, seus dois irmãos mais velhos o convenceram de que ele deveria fazer o retiro solitário de Vairocana, de um ano de duração. Esse retiro

Khenpo Karthar Rinpoche

produziu nele uma paixão pela prática que duraria por toda a sua vida. Dessa forma, pouco depois de completar este retiro de um ano, Rinpoche entrou no tradicional retiro de três anos. Ao sair, ele vendeu tudo o que possuía em troca de comida, planejando permanecer em retiro permanente em uma cabana de propriedade de seu tio.

Entretanto, após um ano em retiro, o 8º Traleg Rinpoche pediu-lhe que saísse do retiro para estudar ensinamentos mais avançados em um novo *shedra* (universidade) que ele havia fundado no Monastério Thrangu. Esse *shedra* estava sob a direção do Khenpo Lodro Rabsel, que recebera seu treinamento diretamente de Shechen Gyaltsap Rinpoche, Pema Namdrol (Khenpo Rabsel era sobrinho de Pema Namdrol e tio materno de Khenpo Gangshar). Então, Rinpoche ingressou nesse *shedra* e passou cinco anos estudando assiduamente, mantendo uma disciplina rigorosa. Ele desenvolveu grande fé e devoção pelo seu lama, Khenpo Rabsel. Estava com quase trinta anos de idade quando completou seu treinamento e recebeu o título de Khenpo.

Rinpoche passou os seis anos seguintes como assistente de Thrangu Rinpoche. Foram anos felizes e produtivos, durante os quais ele e Thrangu Rinpoche viajaram juntos e ensinaram enquanto prosseguiam com seus estudos, tendo longas discussões sobre o Dharma.

Em 1958, quando os chineses invadiram o Tibete oriental, os dois irmãos mais velhos do Rinpoche foram mortos, mas ele e seu irmão mais novo, Lama Sonam Chodar, conseguiram escapar com o grupo de Thrangu Rinpoche, levando consigo todos os objetos sagrados e textos do Dharma que puderam. Também nesse grupo estavam Zuru Tulku Rinpoche e, com três anos de idade, o 9º Traleg Rinpoche.

19

Depois de meses de viagem e vários percalços, finalmente chegaram ao Monastério Tsurphu, no Tibete, perto de Lhasa, onde Sua Santidade, o 16º Karmapa estava hospedado. Sua Santidade estava ciente do perigo iminente e disse-lhes que deveriam partir imediatamente e ir para Sikkim, na Índia. Ele lhes deu cinco iaques e os suprimentos necessários e, no final de março 1959, eles chegaram à fronteira entre o Tibete e o Butão.

O primeiro lugar que chegaram depois de escapar do Tibete foi a um campo de refugiados estabelecido por Sua Santidade, o Dalai Lama e Sua Santidade, o Karmapa, em Buxa, Índia, perto da fronteira do Butão, um lugar que antes havia sido um campo para os prisioneiros políticos indianos, sob o regime colonial britânico. Cerca de 1.500 monges das quatro principais escolas do budismo tibetano moravam lá, trabalhando incansavelmente para remontar a estrutura de estudos de suas respectivas linhagens e para ensinar o Dharma em um grande esforço, com a perspectiva de que nada se perdesse. Isso foi possível através da bondade dos indianos e de outros governos, por meio de alimentos e medicamentos voltados ao seu sustento.

Por causa do calor e das duras condições de vida, no entanto, as doenças começaram a se espalhar como fogo através do campo de refugiados e, pelo oitavo ano de sua residência por lá, o próprio Rinpoche ficou extremamente doente. Em 1967, ele apelou para Sua Santidade, o Karmapa pedindo permissão para se deslocar para Sikkim, onde ele achava que o clima mais ameno poderia ajudá-lo em sua recuperação. Depois de uma viagem difícil e precária, ele alcançou Rumtek, onde permaneceu pelos próximos cinco anos, ensinando aos monges e ministrando aulas para a comunidade budista local.

Enquanto esteve por lá, seu estado de saúde se manteve instável, às vezes melhorando e às vezes piorando. Por fim, na esperança de que iria ajudar na sua recuperação, Sua Santidade enviou-o para Tilokpur, um convento em Himachel Pradesh fundado por Sua Santidade e Ani Palmo, onde permaneceu um ano ensinando às monjas. Uma vez que a água e outras condições eram melhores ali, sua saúde começou a melhorar e tudo correu muito bem. Quando ele voltou para Rumtek, no entanto, sua condição piorou outra vez.

Sua Santidade decidiu então enviá-lo ao Butão, na esperança de que ele pudesse se curar por lá. Ele permaneceu no lugar por alguns anos, mas sua saúde piorou ainda mais, finalmente levando-o a uma longa internação hospitalar. Os sinais foram ficando mais e mais ameaçadores e começaram a indicar que o Rinpoche poderia morrer em breve. Por causa disso, ele pediu à Sua Santidade permissão para entrar em retiro para aguardar sua morte. Em resposta, Sua Santidade estabeleceu um plano, em 1975, para enviá-lo aos Estados Unidos, onde ele pudesse receber os cuidados médicos de que necessitava. Ele também pediu ao Rinpoche para ser o seu representante e servir como abade de um novo mosteiro Karma Kagyu, ainda a ser construído na América do Norte.

Quando chegou aos Estados Unidos, Rinpoche estava extremamente fraco e magro. Com o tratamento médico adequado, no entanto, sua saúde começou a melhorar radicalmente. Durante o primeiro mês, ele ganhou de volta todo o peso que tinha perdido durante sua longa enfermidade e, em um ano, ele havia recuperado completamente a saúde. Parecia nada menos que um milagre. Anos mais tarde, quando ele agradeceu a Sua Santidade por ter salvo sua vida, Sua Santidade disse-lhe que ele teria morrido se tivesse continuado na Índia.

Ao chegar em Nova York pela primeira vez, Rinpoche só conhecia três pessoas que viviam na região nordeste dos Estados Unidos: Tenzin Chönyi, que havia chegado aos Estados Unidos no ano anterior; Lama Yeshe e Ganga Namdag, que haviam chegado na semana anterior. O primeiro centro de Dharma que eles estabeleceram foi em Nova York, tornando-se conhecido como Karma Thegsum Chöling (KTC). Quando Sua Santidade fez sua segunda turnê pelos Estados Unidos, em 1977, mais centros KTC foram estabelecidos em Palo Alto (CA), Santa Cruz (CA), Columbus (OH), Albany (NY), e Cambridge (MA). Em vista desse crescimento, e de acordo com o desejo de Sua Santidade, iniciou-se a procura de um lugar permanente para ser o centro de operações de Sua Santidade nos Estados Unidos. A *Mead Mountain House* foi encontrada nas montanhas acima da cidade de Woodstock, em Nova Iorque, em maio de 1978, e lá se estabeleceu o Monastério Karma Triyana Dharmachakra (KTD), tendo o Rinpoche como seu abade responsável.

Nos anos que se seguiram, Rinpoche supervisionou e viajou para um número crescente de KTCs na América do Norte, ensinando extensivamente. Em 1982, ele viajou para a América do Sul e estabeleceu dois KTCs. Em meados da década de 1980, havia trinta e dois centros afiliados na América do Norte e na América do Sul, e três em Taiwan. Khenpo Karthar Rinpoche passou a viajar para ensinar em todos eles, anual ou semestralmente, bem como ensinar a um número crescente de pessoas no KTD.

Durante o verão de 1981, Rinpoche iniciou uma tradição de longos e intensivos retiros de ensino no KTD. Até 1988, esses retiros consistiam em cursos de um mês de duração sobre temas como a *sadhana* de Amitabha, o *Uttara Tantra Shastra* (A Imutável Natureza), "Base, Caminho e Fruto", "Visão, Meditação e Ação", a prática do Budha da Medicina e a prática de Tara Branca. Em 1989, Rinpoche reestruturou a duração de seus ensinamentos anuais de verão, buscando acomodar um número crescente de alunos vindos de longe. Este foi o início da tradição dos ensinamentos de dez dias que continuam até hoje, durante o período do feriado americano de quatro de julho, muitas vezes coincidindo com o aniversário do primeiro giro da roda do Dharma do Buda Shakyamuni. Muitos dos ensinamentos de Khenpo Karthar foram publicados em inglês e chinês.

Rinpoche tem sido incansável também em muitas outras atividades, que incluem aconselhar pessoalmente a uma grande variedade de alunos chineses e ocidentais ainda iniciantes no caminho budista, bem como projetar e supervisionar a construção e estruturação do centro de retiro de três anos do KTD, Karme Ling, na cidade de Delhi, em Nova Iorque, e ainda servindo como seu mestre de retiro. O primeiro retiro de três anos em Delhi aconteceu em janeiro de 1993, seguido por um segundo em novembro de 1996 e um terceiro em novembro de 2000. Ao longo dos anos, Rinpoche ainda encontrou tempo para supervisionar e participar em todos os aspectos da construção, mobiliário e decoração do novo mosteiro no KTD.

A roda que realiza todos os desejos

INTRODUÇÃO

ESTABELECENDO UMA BASE FIRME PARA A PRÁTICA

Para ser significativa e eficaz, as atividades de escuta, ensino e prática do Dharma devem ser motivadas por aspirações altruístas, o que no budismo chamamos "*bodhicitta*", ou a mente do despertar. Sem *bodhicitta* – isto é, se a motivação pessoal é egoísta –, então não importa o quanto se estuda ou pratica o Dharma, isto possivelmente não servirá como um remédio para o apego à apreensão egocêntrica. E, assim, não levará às qualidades que associamos com a prática espiritual. Na verdade, é a própria ausência da *bodhicitta* que torna os seres tão infelizes. Enquanto os seres forem egoístas – enquanto eles só buscarem a própria felicidade – eles nunca conseguirão alcançá-la. Nada que façam, nem mesmo a prática espiritual, poderá fazê-los felizes.

Para desenvolver a motivação altruísta, devemos começar sendo empáticos. Quando examinamos cuidadosamente a situação, torna-se evidente que não há nenhum ser, em qualquer lugar que seja, que não sofra, e não há nenhum ser, em qualquer lugar que seja, que não queira se livrar do sofrimento. Também não há nenhum ser, em qualquer lugar que seja, que não queira a felicidade. Infelizmente, quase não há seres, em qualquer lugar que seja, que realmente alcancem aquilo que desejam. O reconhecimento dessa situação é a base para o desenvolvimento de amor-bondade, compaixão e *bodhicitta*.

No budismo tibetano, "amor" é definido como desejar a felicidade dos outros. "Compaixão" é definida como desejar que eles estejam livres de todas as formas de sofrimento. Estas duas atitudes de amor e compaixão e a aspiração para libertar completamente todos os seres de todo o sofrimento é o que nós chamamos de mente do despertar, ou *bodhicitta*. É somente possuindo essa motivação que os indivíduos alcançaram realizações e a iluminação por meio da prática do Dharma. Além disso, somente baseado nesta motivação é que qualquer indivíduo pode alcançar esse estado no futuro. Assim, a possibilidade da prática espiritual produzir ou não qualidades em você depende exclusivamente de sua motivação: possuir ou não *bodhicitta*.

O espaço é infinito. Ele está totalmente preenchido com todos os tipos de seres sencientes. Todos eles querem ser felizes. Nenhum deles quer sofrer. Infelizmente, a maioria é ignorante sobre o que constitui as causas da felicidade e as causas do sofrimento. Portanto, embora desejem ser felizes, não estão habituados a praticar as ações que produzem felicidade. Da mesma forma, embora não queiram sofrer, manifestam atitudes que irão causar-lhes sofrimento no futuro. Devido a essa ignorância, e por causa das ações produzidas pela ignorância, os seres sencientes experimentam todos os diversos tipos de sofrimento que existem em todo o universo.

A fim de aproveitar o máximo possível esses ensinamentos e essa prática, precisamos, com sinceridade e de todo o coração, aspirar a liberação de todos os seres, sem exceção, da ignorância e do sofrimento. Além disso, ao longo de nosso estudo e prática devemos renovar e fortalecer continuamente essa motivação.

Quem é Tara e o que ela faz?

Antes de entrar nos detalhes da prática, é preciso entender quem é Tara, o que ela significa e o porquê de esta forma particular de Tara, chamada de "Roda que Realiza

25

Todos os Desejos", ou Tara Branca, ser particularmente tão eficaz. Conhecendo essas informações você será capaz de desenvolver entusiasmo pela prática. Uma vez que esteja entusiasmado com ela, então você irá praticá-la. E se fizer isto, colherá seus benefícios. Portanto, vamos começar com uma breve visão geral e história da prática, para se ter uma idéia do seu significado e poder.

A prática de Tara é extremamente profunda, porque a natureza essencial de Tara é o conhecimento primordial de um tempo sem início. Não podemos dizer que Tara tenha surgido e se iluminado em um determinado momento histórico. Em vez disso, por meio dos meios hábeis ela se manifesta como o jogo do conhecimento primordial desperto de todos os Budas. Como todos os Budas nascem a partir do espaço do conhecimento primordial, ela é considerada como a fonte de todos os Budas. É por isso que ela é muitas vezes referida como a mãe de todos os Budas. Se analisarmos o nome dela, vamos entender sua natureza de forma mais clara.

Em tibetano, nós a chamamos de Jetsunma Pakma Drolma. "Jetsunma" significa "venerável senhora." A primeira sílaba, "je", implica nobreza ou estado de supremacia, e refere-se ao fato de que ela é a melhor fonte de refúgio possível, dentre todas as que possamos encontrar no *samsara* e *nirvana*. A segunda sílaba, "tsun", significa "nobre" no sentido específico de "moral" ou "verdadeira nobreza". Isso implica que ela é completamente imaculada, pois é livre de todos os defeitos e marcas das aflições mentais, da ignorância e assim por diante. A sílaba "ma" é uma terminação feminina, e é aqui traduzido como "senhora".

Khenpo Karthar Rinpoche

A segunda parte do seu título, "Pakma", é uma tradução tibetana da palavra sânscrita "arya", e significa "elevada" ou "exaltada". Ela é exaltada por sua realização da verdadeira natureza das coisas. Como ela possui, e de fato encarna a realização última, está acima de todos os defeitos provenientes da ignorância, bem como de todos os defeitos mundanos. A segunda sílaba da palavra "Pakma" é "ma", que significa "mãe". Como ela realizou a natureza última e é indistinguível da natureza última, pode ser considerada como uma manifestação dessa natureza. Portanto, de acordo com o sentido último, Tara é ela mesma o *Dharmadhatu*, o domínio vasto que é natureza de todas as coisas, sem exceção. Pois ela não é somente alguém que tenha realizado esta natureza, mas é também aquilo que deve ser realizado para que a iluminação possa acontecer, ela é o objeto único de realização de todos os Budas. Por isso nos referimos a ela como a mãe de todos os Budas.

Por fim, seu nome propriamente é Drolma – ou, em sânscrito, Tara, que significa "aquela que libera". Embora, em última análise, ela seja a própria natureza que deverá ser realizada, ela não é estática. Ela é dinâmica. Ela libera inumeráveis seres de todo o sofrimento e das causas do sofrimento através de vários meios, incluindo a manifestação de várias formas e até mesmo reinos inteiros. Assim, ela é a personificação da natureza última de todas as coisas, na forma que conduz os seres à liberação, como resultado de sua realização. A segunda sílaba, "ma", significa que ela é a forma feminina dos seres despertos. Todas as suas muitas aparições são na forma feminina. Não há manifestação de Tara que apareça na forma masculina.

A roda que realiza todos os desejos

Em nosso mundo atual, o fundador do Buddha-Dharma é o precioso Senhor Buda Shakyamuni. Quando falamos em seus diferentes tipos de ensinamentos, eles são geralmente divididos em três classificações básicas. São eles: *vinaya*, *sutra* e *tantra*. Dentro do *tantra* o Buda ensinou várias linhagens de *tantras*. Dentre elas estão o *kriya, charya* e o *yoga tantra*[2]. *Kriya* é o mais baixo *tantra*, *charya* é o mediano, e o *yoga tantra* é o mais elevado.

Dentro do *yogatantra* existem outras três classificações conhecidas como *tantra* pai, *tantra* mãe e *tantra* união[3]. Entre as seis milhões de linhagens de *tantra* que o Buda ensinou, todas as quais pertencentes a estas três categorias, Tara inclui-se na linhagem *tantra* mãe.

Os ensinamentos sobre Tara foram inicialmente dados pelo Buda em virtude de um pedido da divindade Hayagriva (Tamdrin). No Vajrayana, o Buda ensinou muitas vezes em resposta a pedidos específicos de determinados tipos de ensinamentos. Quando alguém fazia um pedido como esse, o Buda dava esses ensinamentos e, em seguida, determinava que seria da responsabilidade daquele que solicitara o ensinamento proteger todo o respectivo conjunto de ensinamentos. Esta primeira exposição feita pelo Buda sobre Tara ficou conhecida como *Ngon Jung Gyu*, que significa "original", mas também "totalmente completa". Esta última definição refere-se ao fato de que tudo o que se relaciona

---

2   Às vezes é ensinado que há quatro linhagens de tantra. No entanto, *anuttarayoga tantra* (*naljor lana may pai gyu*) é uma subdivisão do *yoga tantra* (*naljor gyu*), constituindo três linhagens principais.

3   Os *tantras* pai, mãe e união de *tantras* estão incluídos dentro do *anuttarayoga tantra*. O *tantra* união é a inseparabilidade entre os *tantras* pai e mãe.

com Tara – as diferentes visualizações, os mantras, e assim por diante – está integralmente nela contido. É "original" por ser tratar da clareza original.

Como, em última análise, Tara é a própria natureza do *Dharmadhatu*, ela não tem uma aparência única e/ou uma única cor. No entanto, uma vez que ela é ativa nos reinos e experiências dos seres sencientes, é percebida de diversas maneiras. O *Ngon Jung Gyu* explica extensivamente a pureza das diversas formas de Tara, os diversos mantras de Tara, e as quatro atividades de Tara. Vinte e uma Taras são descritas, cada uma com uma forma e cor distinta, e em seus vários aspectos.

As diferentes aparências de Tara são, em essência, a mesma. Assim, a fim de satisfazer as diferentes necessidades dos seres, e como expressão dos meios hábeis, Tara se manifesta em formas distintas. Embora ela se manifeste nestas diversas formas, no entanto, não há nenhuma diferença em essência. É como se cinco pessoas estivessem olhando para o mesmo espelho. Cinco caras aparecem, não porque há cinco espelhos, mas porque há cinco faces olhando para ele. O espelho, mesmo sendo apenas um, tem espaço para todos os cinco rostos.

Para usar uma outra analogia, o espaço do céu não pode ser diferenciado. O céu é abstrato e imaterial. O espaço não tem forma. Ele não obstrui coisa alguma. Para dividir o espaço, você precisaria de obstrução, mas isso seria uma contradição em termos. No entanto, com base no *layout* do planeta, as pessoas e os países criam divisões de espaço, embora não haja nenhuma divisão de espaço que possa ser feita, do ponto de vista prático. Com base no que está sob ele, no entanto, os Estados Unidos da América podem fazer a seguinte afirmação: "Este é o nosso céu"; e outro país pode fazer uma afirmação dizendo: "Este é o nosso céu." Não há nada lá para dividir o espaço, mas com base em circunstâncias individuais há uma noção do espaço como sendo "nosso". Não é que o céu seja diferente. Da mesma forma, de acordo com a variedade de seres e as suas necessidades, Tara se manifesta de diferentes maneiras.

A natureza de Tara é absoluta, mas o mundo é relativo. No contexto da realidade absoluta, a natureza de Tara está além de conceito e ponto de referência. No entanto, os seres de existência relativa só podem se relacionar com as coisas em um nível relativo. Assim, o veículo da mente desperta, a essência primordial, se expressa de uma forma hábil para que as mentes dos seres, que só podem se relacionar em um nível relativo, possam compreender. Por esta razão, Tara aparece em diferentes formas e cores, embora ela esteja, em essência, além dos conceitos de cor e forma.

De um modo geral, Tara Branca está relacionada com a longevidade e a descoberta da sabedoria original. Tara Amarela está relacionada com o aumento ou a expansão de mérito, inteligência e assim por diante. Tara Vermelha está associada com a atração ou magnetização do mundo inteiro. Tara Preta está associada com uma vigorosa eliminação de defeitos. Tara Verde é considerada como a forma de realização de todas estas várias formas de atividade em uma só. Além disso, Tara pode se manifestar como objetos inanimados. Tudo o que é benéfico e que libera do sofrimento pode ser uma manifestação da atividade e da compaixão de Tara. Exemplos disso podem ser infinitos e incluem coisas como medicamentos, alimentos e água.

Citando o original *Ngon Jung Gyu*, o Buda disse: "A Branca é para ser usada para salvar os seres da morte prematura", referindo-se à prática de Tara Branca. Sua função especial é promover uma vida longa. Ela tem uma roda, como a roda do Dharma, no centro de seu coração. Ela tem oito raios sobre os quais repousam as sílabas do mantra raiz e é conhecida como a Roda que Realiza Todos os Desejos. Em última análise, Tara Branca realiza a liberação dos seres do samsara e relativamente libera dos obstáculos para uma vida longa.

UMA BREVE VISÃO GERAL DA PRÁTICA

Tara Branca foi a principal prática de divindade de muitos estudiosos budistas conhecidos e *siddhas* na Índia, os quais se referem a ela como "aquela que encarna todos", que significa "aquele que realiza uma, realiza todas". Entre os grandes mestres na Índia que tomaram esta como sua prática principal está Nagarjuna, que viveu até os 600 anos de idade, como resultado de ter alcançado o *siddhi* da longevidade. Da mesma forma, quando mais tarde os ensinamentos foram para o Tibete, um grande número de seres realizados de lá tomou Tara como sua principal prática de *yidam*.

O mais antigo texto que descreve esta prática desde o tempo do Buda foi composto por um sábio da Índia, um grande professor e *mahasiddha* chamado Lobpon Ngagi Wangchug ou Ngawang Drakpa (Vagishvarakirti). Este grande *mahasiddha* recebeu os ensinamentos sobre Tara ensinados desde sua origem pelo Buda e, em seguida, Tara Branca de fato se manifestou para ele, em pessoa. Esta visão de Tara foi tão real quanto qualquer um de nós se encontrando pessoalmente face a face com outra pessoa. Assim, ele não só recebeu o benefício dos ensinamentos do Buda, mas recebeu pessoalmente o aspecto de transmissão de Tara. Subsequentemente, ele se tornou praticante e realizou completamente o sentido da prática; tendo esta sido transmitida em uma linha sucessiva, chegando ao Tibete por meio de uma linhagem ininterrupta.

Ngawang Drakpa escreveu um livro chamado "O evitar da morte". Trata-se de um compêndio de práticas para aumentar nosso tempo de vida, incluindo Amitayus, Tara Branca e outras. Essas práticas não foram apenas retiradas dos *tantras* de Tara, mas de vários outros *tantras* também. Esse livro contém um capítulo que é a base da prática de Tara Branca, sendo a fonte para a maioria das tradições da prática de Tara Branca que existem até hoje. Uma liturgia para a prática de Tara Branca foi então escrita por um de seus discípulos, baseada no que o seu guru havia escrito em "O evitar da morte".

Quando falamos sobre a linhagem de Tara no Tibete, falamos sobre *ringyu* (a linhagem longa ou distante) e *nyegyu* (a linhagem próxima ou direta). Do tempo do Buda até o presente, houve uma linhagem ininterrupta, e isso é chamado de linhagem distante. Mais tarde, Ngagi Wangchug recebeu a transmissão diretamente de Tara, o que confirmou e intensificou a linhagem e está mais perto de nosso tempo. É por isso que é chamado de *nyegyu*, ou linhagem direta.

Os ensinamentos e práticas que vieram de Ngagi Wangchug para o Tibete desenvolveram-se em seis linhagens, e todas possuem grandes bênçãos. Todas as seis são linhagens autênticas de prática e, portanto, todas são meios eficazes para realizar a divindade e colher os benefícios disso. Elas são o mesmo em sua essência. A diferença está apenas no estilo de apresentação e nas traduções dos que trouxeram

Khenpo Karthar Rinpoche

os ensinamentos ao Tibete. É como a neve do topo de uma montanha. Ela derrete e escorre em seis direções distintas, nos seis diferentes vales. Estes rios fluem em direções diferentes e têm nomes diferentes. Suas localizações e aparências são diferentes, mas sua essência é a mesma, pois todos vêm da mesma neve. Da mesma forma, existem seis ensinamentos diferentes, ainda que sua essência seja a mesma.

As seis linhagens são as seguintes: uma delas chegou ao Tibete por meio de Atisha e outra trazida por Ngok Lotsawa Loden Sherab, um grande tradutor – esta última é conhecida como linhagem Ngokgyu, em seguida, outra linhagem foi desenvolvida através do contemporâneo de Milarepa, Bari Lotsawa, outro tradutor – esta é conhecida como Barigyu; a quarta linhagem foi através Nakrinchen Lotsawa (Vanaratra), outro tradutor, cuja linhagem foi conhecida como Nakringyu; a quinta, que veio através de Nyen Lotsawa Dharma Drak, é conhecida como o Nyengyu; a sexta linhagem, originada a partir de um aluno de Atisha, cujo nome era Naldjorpa, é chamada Naldjorpa Gyu.

Tara Branca é praticada por todas as diferentes escolas do budismo tibetano. No que diz respeito à nossa própria linhagem, a Dakpo Kagyu, foi transmitida a nós por Atisha e foi realizada por todos os grandes praticantes da linhagem. Esta linhagem ininterrupta é conhecida como o Rosário Dourado dos Mestres Kagyu.

Além disso, ao longo dos séculos, desde a presença de Atisha no Tibete no século XI, muitos e muitos indivíduos têm alcançado tanto a realização comum como a suprema. A "realização comum" se refere à realização de todas as formas de bem-estar e prosperidade nesta vida, tais como a pacificação da doença e outros percalços, o aumento do mérito e da riqueza, a capacidade de ter controle sobre os acontecimentos da vida, a dispersão de obstáculos, e assim por diante. Na melhor das hipóteses, a "realização suprema" se refere à realização nesta vida, a atingir o mesmo estado que a própria Tara – mas também pode se referir à realização em duas ou três vidas. Uma vez atingido o estado de Tara, então, enquanto a existência cíclica persistir, essa pessoa continuará a ser ativa em beneficiar e liberar outros seres.

Através desta prática, inúmeros indivíduos dissiparam ou removeram impedimentos que poderiam ter-lhes causado a morte. Isso é significativo, pois mesmo que uma pessoa possa ter o destino cármico para viver por um longo tempo, circunstâncias adventícias podem tirar sua vida em um instante. Existem várias maneiras de se proteger, e a prática desta forma de Tara é considerada a mais importante dentre elas.

Você pode aprender mais sobre isto lendo a história da linhagem, pois muitos membros desta linhagem têm utilizado esta prática, como é dito no comentário de Jamgon Kongtrul Lodro Thaye sobre a prática, para "superar a guerra da morte" – isto é, para superar os obstáculos que causam a morte prematura. Há indivíduos que, no momento da morte, foram capazes de dobrar seu tempo de vida. Outros aumentaram seu tempo de vida em dez, quinze ou vinte anos, como veremos mais adiante no desenrolar deste livro.

Tenha em mente, contudo, que o propósito dessa prática não se limita apenas à realização do *siddhi* de longa vida ou de se livrar de obstáculos para a longevidade. Se fosse limitada apenas a isso poderia ser um problema para algumas pessoas. Se outras condições complementares não estão presentes, uma longa vida pode ser dolorosa. O escopo da prática vai muito além disso.

Como explicado anteriormente, a natureza essencial de Tara é o conhecimento primordial, que transcende extremos dualistas e pontos de referência. É a manifestação do perfeito estado de Buda. É o completo despertar. Portanto, esta prática por si só é um método completo para atingir iluminação e pode levar ao *siddhi* relativo e absoluto.

OS BENEFÍCIOS DA PRÁTICA DE TARA BRANCA

Por meio do estudo e da prática de Tara Branca, podemos atingir quatro objetivos importantes, são eles: (1) o nosso próprio progresso e realização absoluta no caminho espiritual; (2) o benefício dos outros; (3) apoiar e servir ao Dharma; e, muito importante, (4) proporcionar uma boa saúde e uma longa vida para os grandes mestres do Dharma, para que possam beneficiar os seres sem obstruções.

Para cada um de nós, a coisa mais importante do mundo é ter uma vida longa e saudável. É como uma joia preciosa. É a coisa mais importante porque não importa o que queiramos alcançar, quer seja sucesso na vida comum ou o sucesso no mundo espiritual, por meio da nossa prática do Dharma, é essencial que se tenha uma vida longa e saudável. Por exemplo, uma pessoa que tem uma grande quantidade de riqueza, poder, autoridade e influência pode ter um tremendo impacto sobre – ou fornecer grande benefício para – si mesmo e outros. Se sua vida é curta, porém, há muito pouco que possa fazer apesar dessas condições favoráveis.

Nesta parte do mundo, há muitas maneiras diferentes para promover uma vida longa e saudável, tais como medicamentos, dietas e métodos de higiene adequada. No entanto, é apenas através do Dharma que podemos realizar o *siddhi*[4] de longa vida e boa saúde. Isso não significa que os recursos externos (medicamentos, dieta, higiene) não sejam úteis e bons. É claro que o fato de termos condições externas adequadas sustenta e complementa nossas vidas. No entanto, as condições externas e os remédios mais adequados são apenas o começo.

Para atingir o auge de uma boa saúde e qualidade de vida, precisamos desenvolver bem o nosso potencial interior interno. A existência de um ser humano depende de sua força vital. Ela deve estar ativa. Isso depende não apenas de nutrição e cuidados físicos (exteriormente), mas também do nosso estado interior. Dentre os vários tipos de prática do Dharma, Tara Branca é especialmente eficaz na realização da longevidade neste nível.

Uma vida longa e uma boa saúde também nos permitirão beneficiar outros seres. Nosso poder e habilidade de beneficiar os outros dependem de uma vida longa para que possamos trazer a maior quantidade de benefício durante o maior tempo possível. Além disso, nós poderemos afetar a vida dos outros. Pela prática de Tara Branca, podemos limpar os obstáculos de outras vidas das pessoas que se interpõem no caminho de suas experiências de vida longa e boa saúde. Dessa forma podemos ajudá-los a alcançar a longevidade também.

Por fim, a prática de Tara Branca é uma ferramenta importante para prolongar a vida daqueles que realizam grandes benefícios para os seres. Através da nossa prática,

---

4   Literalmente, a palavra *siddhi* significa "realização". O *siddhi* absoluto é o completo despertar. Os *siddhis* comuns são poderes relativos, tais como clarividência e longevidade. [Ed.]

Khenpo Karthar Rinpoche

podemos ajudar os grandes seres em geral, e em particular aos mestres iluminados de nossa própria linhagem que beneficiam seres em grande escala, como o Karmapa e seus respectivos "filhos de coração" e grandes professores que são mestres notórios e viajam para toda parte compartilhando o Dharma para o benefício de todos.

Em suma, a Tara Branca é simbolizada pela roda do mantra em seu coração e é conhecida como *yishin korlo*, ou Roda que Realiza Todos os Desejos. Uma vez que uma roda não tem começo nem fim, isso simboliza que ela cumpre todos os desejos sem limitações de qualquer tipo. Através da virtude desta roda e através do poder das nossas intenções genuínas e naturais, não só a longevidade, mas todos e cada desejo saudável podem ser realizados.

Perguntas e respostas

Pergunta: É verdade que, se você salvar uma vida, o resultado cármico é ter uma vida mais longa para si mesmo? Como isso se dá e como se relaciona com a prática de Tara Branca?

Rinpoche: Os seres vivos que ainda não alcançaram o despertar estão presos à confusão. Embora desejem prolongar e melhorar suas vidas, muito do que eles fazem tem o efeito oposto. Como não sabem o que fazer para ter uma vida longa e saudável, em seu estado confuso se envolvem em ações prejudiciais, como matar e roubar, que acabam por encurtar suas vidas.

O que você disse é verdade. Quanto mais um indivíduo tentar proteger e salvar a vida, como o resultado cármico essa pessoa irá viver uma vida longa. Por outro lado, quando o indivíduo tenta destruir a vida ou ajudar outros a destruir a vida dos seres, como reflexo cármico essa pessoa viverá uma vida mais curta e encontrará muitos obstáculos que levam à morte prematura. Em um nível mundano, por proteger e salvar vidas, o indivíduo pode promover uma vida longa e ajudar a evitar os obstáculos que conduzem à morte prematura. Além disso, para aqueles que tomaram voto de não matar, mesmo apenas o karma de ter mantido esse compromisso pode levar à experiência de vida mais longa.

Para ajudar a evitar os obstáculos e as ameaças à vida dos outros, é bom guardar e proteger a vida, tanto quanto possível, e fazer orações dedicando o mérito para o benefício de todos os seres sencientes e, particularmente, para o benefício da pessoa ou pessoas que você deseja ajudar.

Como disse anteriormente, a maneira mais eficaz de promover uma vida longa e boa saúde é a prática de Tara Branca. Tara é um ser completamente iluminado que se manifesta sob a forma feminina; assim, por sua natureza maternal de compaixão, pode subjugar os próprios obstáculos que ameaçam a vida em si. Portanto, em nossa situação particular, a melhor abordagem é fazer as duas coisas, isto é, devemos combinar o uso de Tara Branca com qualquer atividade em que possamos salvar e proteger a vida.

Pergunta: Como praticantes iniciantes, podemos praticar Tara Branca imediatamente ou há algum *samaya* que temos de completar, ou *ngondro* ou qualquer outra coisa primeiro a fim de que nossa prática seja eficaz?

Rinpoche: O ideal é que as práticas preliminares de *ngondro*, como seu nome em tibetano indica, precedam a qualquer outra prática. No entanto, esta prática não foi estabelecida de forma que só pudesse ser feita por alguém que tenha concluído tais preliminares. Qualquer pessoa que tenha recebido a iniciação, a transmissão de leitura e as instruções é livre para fazer a prática. Se você deseja fazer a prática intensivamente em um retiro, no entanto, eu recomendo fortemente que você comece por completar as preliminares.

Em todo o caso, o que é realmente necessário para a prática se tornar eficaz é a motivação correta e a confiança. Motivação correta significa que a sua motivação para fazer a prática deve ser fundamentada na compaixão e na *bodhichitta*. Confiança significa confiar na validade da prática, e é melhor quando essa convicção ou confiança é direcionada tanto para a divindade quanto para a linhagem da qual a prática se origina.

Pergunta: Na introdução, o senhor mencionou que a Tara Branca pode aparecer como um medicamento. Nesse caso, parece que Tara Branca pode ser uma excelente prática para os prestadores de cuidados de saúde. Podemos usar a prática nesse cenário?

Rinpoche: Sem dúvida. Eu recomendo esta prática para os profissionais de saúde. Nesse caso, você deve tentar combinar o seu treinamento em saúde, e sua motivação altruísta juntamente com o poder da própria prática para que esses três fatores possam se unir na atividade de cura. No entanto, o perigo neste caso é que possa surgir o orgulho, o que impediria a coisa como um todo de funcionar.

Pergunta: O senhor falou sobre as diferentes formas de Tara. Eu sempre tinha ouvido falar de Tara Amarela vinculada com o aumento da riqueza, mas acho que o senhor falou em aumento de sabedoria? Ou será que eu ouvi errado?

Rinpoche: Ela aumenta todas as formas de qualidades e virtudes. Pode ser qualquer coisa.

Pergunta: Se tivermos o karma para viver por um determinado número de anos, como é possível, como li em alguns ensinamentos, que seres possam nos tirar alguns anos de vida? E agora estou aprendendo sobre a adição de anos, em relação ao que eu pensava tratar-se de um karma estabelecido...

Rinpoche: De um modo geral, o que você disse é verdade. Cada um de nós tem uma quantidade de anos de vida definida que é resultado de nossas ações em vidas anteriores. No entanto, a maioria das pessoas realmente não chega a esse total em suas vidas porque os obstáculos ou as circunstâncias adventícias causam a sua morte prematura. Seria algo como: se você tivesse uma lâmpada de óleo e ainda houvesse óleo deixado na parte inferior da lâmpada, então não há razão inerente para o pavio se extinguir. Mas se uma brisa forte vem, ela pode apagar a lâmpada, mesmo que ainda haja combustível restante. Isso é muito parecido com circunstâncias adventícias ou obstáculos que podem levar alguém a morrer antes do karma que, caso contrário, mantê-lo-ia ainda por mais tempo nesta vida. Se você superar ou evitar os obstáculos que de outra forma podem tomar sua vida, então você tem a oportunidade de completar o seu tempo de vida previsto.

E, para além disso, você pode aumentar sua quantidade de anos de vida estabelecida porque o que chamamos de karma é um obscurecimento de nossa natureza básica. É uma marca que é produzida pelas ações em que nos envolvemos. Se as obscuridades produzidas por nossas ações anteriores são, em certa medida, removidas, em seguida as limitações que se impõem ao nosso tempo de vida também serão removidas. Há muitos exemplos disso. Talvez o mais famoso seja o de Guru Padmasambhava que, purificando todos os seus obscurecimentos sem exceção, nunca morreu. Ele ainda está vivo hoje.

Há muitas maneiras de abordar a longevidade. De um modo geral, trabalhamos com a causa da vida e da morte, que é o karma produzido por suas ações anteriores, bem como trabalhamos para a purificação desse karma. Também se utilizam condicionantes. Isto significa fazer uso dos meios físicos, tais como medicamentos e outras coisas, para proporcionar as condições para a sua longevidade e saúde.

Pergunta: Quando você diz que Guru Rinpoche está vivo hoje, você quer dizer em uma forma física neste planeta?

Rinpoche: Quando se diz que o Guru Rinpoche ainda está vivo, o que se quer dizer é que ele não abandonou o corpo que tinha quando estava no Tibete. Ele ainda vive nesse corpo. Ele nunca deixou um corpo em lugar nenhum. Não há vestígios dele. Em termos de que tipo de aparência física ele tem, parece que ele tem a habilidade de variar um pouco. É muito difícil de determinar até que ponto a variação ocorre a partir do seu próprio ponto de vista e em que medida a partir do ponto de vista do observador. A explicação tradicional de onde ele está e o que ele está fazendo é a seguinte:

Quando deixou o Tibete no século IX, ele partiu para um lugar a que ele se referiu como "a ilha de *rakshasas*". Um *rakshasa* é um tipo de ser semelhante a um ser humano, mas não exatamente da mesma espécie. Às vezes isto é traduzido como "canibal", mas como são uma espécie diferente, não faz muito sentido chamá-los assim. Seja como for, *rakshasas* comem seres humanos. Guru Rinpoche partiu porque disse que, se ele não fosse para lá, eles iriam assumir este mundo e comer todos nós. Do ponto de vista dos *rakshasas*, no entanto, ele aparece como o governante de todos os *rakshasas*.

A roda que realiza todos os desejos

41

Quanto a saber se ele se referiu a ilha de *rakshasas* como parte deste mundo ou em outro lugar, cada um pode ter a sua própria opinião.

A explicação tradicional da aparência do rei dos *rakshasas* é que ele é um indivíduo aparentemente temível, com nove cabeças etc. De toda forma, os *rakshasas* acreditam que Guru Rinpoche seja o seu rei e, portanto, fazem o que ele diz. No Tibete há muitas histórias ao longo dos séculos sobre *tertons* e outros visionários que voam para o reino de Guru Rinpoche, encontram-no e recebem sua orientação. Visionários, *tertons* e outros que purificaram seu karma e vão para o seu reino no meio da ilha dos *rakshasas*, no entanto, os veem como Guru Rinpoche. Há também estórias de que ele continuou a aparecer ocasionalmente no Tibete, ao longo dos séculos.

Pergunta: Ele já apareceu fora do Tibete?

Rinpoche: Sem dúvida. Ele não é, de forma alguma, parcial. Ele disse duas coisas sobre suas continuadas aparições no mundo convencional. Uma delas, frequentemente citada, é: "Vou dormir protegendo a porta de qualquer pessoa que tenha fé em mim". A outra é: "Haverá uma emanação de Padmasambhava na presença de cada pessoa que tenha fé em mim". Ele prometeu que onde quer que haja súplica a ele, ele vai aparecer de uma forma ou de outra. E que para ele não faria nenhuma diferença se as pessoas que estejam rezando sejam tibetanas ou não.

As seis linhagens e sua história

Como explicado anteriormente, quando o ensinamento de Tara veio ao Tibete, seis linhagens diferentes apareceram e continuam intactas até os dias atuais. Quando falamos de uma linhagem ininterrupta, não significa simplesmente que uma pessoa tem o texto para a prática de Tara, que essa pessoa o passa para alguém copiá-lo, sucessivamente esse alguém faz o mesmo, e desta forma as palavras permaneceriam intactas, tal como eram quando foram primeiramente transmitidas.

A expressão "linhagem ininterrupta" significa que o sentido dos ensinamentos foi realizado pelo lama e posteriormente transmitido para o aluno, que por sua vez também experiencia o seu sentido por meio da realização da prática. O lama-raiz é alguém que dá ensinamentos e instruções face a face e, por meio de tal orientação, instrução e esclarecimento, o aluno pratica e alcança a realização. O lama e o aluno são pessoas diferentes, mas sua experiência é a mesma. Só então é que o aluno será capaz de manter aquela linhagem e pode passá-lo corretamente para outros estudantes. Esta é a maneira como tanto o significado quanto a realização dos ensinamentos têm sido transmitidos, e este é o verdadeiro significado da expressão "linhagem ininterrupta".

É importante esclarecer a diferença entre um lama-raiz e um lama da linhagem. Os lamas da linhagem se estendem desde o grande mestre indiano Lobpon Ngagi Wangchug (Vagishvarakirti) até o 16º Karmapa, e todos eles detiveram a transmissão em sucessão. No entanto, só porque são lamas de linhagem não significa que eles sejam seus lamas-raiz. Da mesma forma, se alguém é seu lama-raiz, isso

A roda que realiza todos os desejos

não significa que seja um detentor da linhagem. Há apenas um detentor da linhagem principal em um determinado momento. Seu lama-raiz para uma determinada prática é a pessoa cuja orientação conduz aos ensinamentos e à realização, e que pode ou não ser o detentor da linhagem principal.

Entre as seis linhagens que se desenvolveram no Tibete, a linhagem especial que pertence à forma abreviada da prática de Tara que estamos trabalhando é chamada *choluk*. Esta é a tradição que vem de Atisha. Como essa linhagem chegou até Atisha e como foi transmitida até nós? Tal como explicado antes, há a linhagem próxima e uma linhagem mais distante, chamadas linhagens direta e distante. A linhagem distante origina-se a partir do tempo de Buda até os dias de hoje. A linhagem direta chegou até nós a partir do grande *mahasiddha* indiano Ngagi Wangchug, ou Ngawang Drakpa. Podemos ver o seu nome na oração da linhagem.

Ngawang Drakpa teve um encontro com Tara, de fato, por meio de uma visão, e dela recebeu a coleção completa dos ensinamentos. Ele se tornou inseparável de Tara e, devido a esta realização completa, é considerado como sendo o mesmo que Tara. Ele os transmitiu para seu aluno Serlingpa (Suvamadvipi), um *mahasiddha* bem conhecido, que então passou para Atisha (Jowoje). O que destingue a tradição de Atisha em relação às outras cinco tradições no Tibete é que, historicamente, aquela foi a primeira. É a mais antiga forma de prática de Tara Branca propagada no Tibete e também a primeira tradução destes ensinamentos para o tibetano. Além disso, é considerado o ciclo mais completo e extensivo dos ensinamentos da prática de Tara Branca.

Dentre os muitos grandes discípulos tibetanos de Atisha, a linhagem foi transmitida para seu aluno mais importante, Dromtonpa, cujo nome completo era Dromtonpa Gyalwa Jungney. Sua realização foi inseparável daquela de seu mestre, Atisha[5]. Ele transmitiu essa realização para um grande mestre budista tibetano conhecido como Geshe Chennga. O grande mestre Chennga passou para um grande *bodhisattva* e professor chamado Drepa. Dromtonpa, Chennga e Drepa pertenciam à linhagem Kadampa do budismo tibetano.

Nossa primeira história sobre a linhagem de Tara Branca diz respeito ao professor Kadampa conhecido como Geshe Drepa, que era o professor de Gampopa. Uma noite Geshe Drepa teve um sonho no qual o sol se levantou a oeste e se pôs ao leste. Ele foi até seu professor, Geshe Chennga, e lhe contou sobre o sonho. Geshe Chennga disse: "Isso é um sonho muito ruim. Isto é chamado de 'o sol caindo no vale'". O sol deve permanecer no céu, não no vale. Ele deve nascer no leste e se pôr no oeste. Não deve nascer no oeste e se pôr no leste. O sonho indica que sua vitalidade está sendo revertida. Em suma, acho que é um sinal de morte".

Em seguida, ele continuou: "No entanto, temos métodos profundos na nossa linhagem para impedir a morte, especialmente a prática da Roda que Realiza Todos os Desejos, que é o nome de Tara Branca. Ela é tão profunda que, mesmo que você perca todos os seus membros, ainda vai salvar sua vida". Dizendo isso, ele conferiu a Geshe Drepa os ensinamentos de Tara Branca.

---

5 Dromtonpa alcançou a realização de Tara como um praticante leigo. Ele tinha os mais altos preceitos leigos, que são conhecidos como *tsang cho*, ou *gongmai genyen*. Quando se é detentor dos preceitos leigos mais altos, você é um leigo na forma, entretanto, possui o voto completo do celibato.

45

Pouco depois, Geshe Drepa encontrou um yogi chamado Tariwa de Lhadrup. Este yogi era um *siddha* muito bom em quiromancia. Ele olhou para a palma da mão de Geshe Drepa e disse: "Você tem um incrível karma com o Dharma. Pena que só viverá por três anos". Quando ele ouviu aquilo, Geshe Drepa pôs de lado seus estudos e decidiu: "Bem, se eu somente tenho esse tempo de vida, vou dedicar o pouco tempo que me resta à prática intensa do Dharma – algo que realmente vai me ajudar quando eu morrer". Ele decidiu procurar um outro mestre que fosse realizado para receber mais instruções e, assim, aproximou-se de outro professor chamado Geshe Lemapa. Ele lhe contou sobre o sonho e a leitura da quiromancia, e este professor disse-lhe: "Em nossa linhagem, nós temos um método para evitar a morte – a prática da Roda que Realiza Todos os Desejos", e transmitiu este ensinamento a ele.

A partir desse momento, Geshe Drepa começou a praticar Tara Branca intensivamente. Depois de onze meses, teve uma visão na qual realmente viu Tara Branca face a face. Ela disse a ele: "Você vai viver até os sessenta anos de idade e será capaz de beneficiar os seres". Quando ele atingiu os sessenta anos, percebeu que ainda não havia concluído todo o trabalho que tinha começado para o benefício dos seres e, então, orou novamente para Tara. Mais uma vez ele teve uma visão dela, que disse: "Tenha uma imagem minha e você vai viver mais dez anos". Então, ele pintou uma imagem de Tara Branca e viveu até os setenta.

Aos setenta anos, Geshe Drepa constatou novamente que ainda não tinha concluído as ações que estava realizando para o benefício dos seres e, então, orou novamente a Tara e teve uma nova visão dela. Ela disse: "Faça uma outra imagem de mim e você vai viver mais dez anos". Desta vez, ele esculpiu uma estátua de metal e viveu até a idade de oitenta.

Embora ele tivesse atingido a idade de oitenta anos, ainda não tinha terminado tudo o que estava tentando fazer. Desta vez não foi necessário rezar para Tara. Ela apenas apareceu. Então disse a ele: "Tudo bem! Se você criar outra imagem minha, você vai viver por mais quinze anos". Geshe Drepa fez um mural de Tara pintado na parede em um templo perto de sua residência, e ele viveu até os noventa e cinco anos.

É necessário adicionar uma nota explicativa a esta história. Antes de tudo, se sua motivação tivesse sido egoísta, Geshe Drepa não teria sequer a visão de Tara. O mero desejo de permanecer vivo não é suficiente. Seu desejo de longevidade baseou-se na necessidade de completar seu trabalho para o benefício dos outros. Como sua motivação era altruísta, sua prática foi muito eficaz.

A partir de Drepa, a linhagem foi repassada para Gampopa, e foi assim que entrou na linhagem Kagyu. Gampopa incorporou a linhagem Kadampa na linhagem do *mahamudra* Karma Kagyu e, desde então, a linhagem Kadampa e a linhagem Kagyu do *mahamudra* se unificaram, como o encontro de dois rios.

A prática de Tara Branca teve um papel importante tanto na vida de Gampopa como na de Geshe Drepa. Aos 41 anos de idade, Gampopa praticava de maneira concentrada em um retiro isolado. Certo dia, durante a prática, ele teve uma visão de *dakinis*, que lhe fizeram a profecia de que ele morreria em três anos. De toda forma, ele continuou a praticar movendo-se de um lugar para outro e aprimorando sua realização.

A roda que realiza todos os desejos

47

Nessa época, Geshe Drepa, com idade bastante avançada, já havia se tornado um professor famoso. Ele era conhecido por ter visto o rosto de Tara em muitas ocasiões. Gampopa decidiu estabelecer uma conexão cármica com ele. Nessa altura, Gampopa considerava sua morte como certa, então não foi motivado pelo desejo de prolongar a sua vida. Mas, porque Geshe Drepa era um grande mestre, ele entendeu que deveria fazer uma conexão e dele receber algum tipo de ensinamento.

Quando o conheceu, Geshe Drepa olhou para Gampopa e disse: "Você é um ser extraordinário e sagrado. Estou certo de que haverá grande benefício para os outros por meio de sua atividade". Em resposta a isso, Gampopa disse: "Eu não tenho mais muito tempo para beneficiar os seres. Recebi uma profecia das *dakinis* de que vou morrer dentro de três anos". Os grandes mestres sempre passam a primeira parte de suas vidas aperfeiçoando sua própria formação, estudo e prática, e a parte seguinte girando a roda do Dharma e beneficiando outros seres. Se ele viesse a morrer em três anos, não teria tido tempo suficiente para realizar todas as suas atividades relacionadas ao Dharma.

Geshe Drepa pareceu não se perturbar nem um pouco ao ouvir esta notícia, ele disse: "Não se preocupe. Mesmo que eles te enterrem, podemos ter você de volta. Mesmo que você veja todos os tipos de sinais e previsões de morte iminente, nós podemos resolver isso. Eu tenho as instruções para conseguir isso e vou dar a você". Tendo dito isso, ele deu a iniciação e a prática da Roda que Realiza todos os Desejos a Gampopa. Gampopa praticou e desviou os obstáculos que, de outra forma, teriam causado sua morte precoce. Ele viveu até os oitenta anos de idade. Seu benefício para os seres, como vocês devem saber, foi profundo. A prática de Tara Branca foi transmitida e mantida por sucessivas linhagens, em virtude de ter desempenhado um papel tão importante na vida de Gampopa.

Gampopa transmitiu a linhagem para seu principal discípulo, o 1º Karmapa, Dusum Khyenpa, cuja realização foi transmitida para Drogon Rechen (também conhecido como Repa Chenpo[6]). Tendo atingido plenamente a realização, Drogon Rechenpa transmitiu-a para o seu principal discípulo, Pomdrakpa[7], que a repassou para seu principal discípulo, Karma Pakshi, o 2º Karmapa. Mais uma vez, e do mesmo modo, ele passou para o seu principal discípulo, Orgyenpa[8], que a trasmitiu para Rangjung Dorje, o 3º Karmapa. Rangjung Dorje passou para Yungtonpa[9], que passou para Rolpai Dorje, o 4º Karmapa. Este a transmitiu para o

---

6   Drogon Rechen foi uma encarnação anterior de Tai Situpa. Naquela época, ele não era conhecido como Tai Situpa. Drogon Rechen reencarnou várias vezes. O nome Tai Situ passou a existir quando, na condição de professor de um dos imperadores chineses, lhe foi oferecido o nome "Tai Situpa", um termo chinês que denota alta dignidade. Desde essa data até o presente momento, houve doze encarnações de Situpas.

7   Pomdrakpa Sonam Dorje foi discípulo de Rechenpa e professor de Karma Pakshi. As encarnações subsequentes de Pomdrakpa não desempenharam um papel significativo na linhagem de Tara Branca.

8   Orgyenpa era muito conhecido como um estudioso durante sua vida, mas não teve reencarnação sucessiva. Isto é verdade para muitos grandes mestres. Portanto, você verá que alguns nomes aparecem diversas vezes dentro das linhagens, enquanto há outros que realizam grandes atividades do Dharma mas não reencarnam sucessivamente neste caminho.

9   Yungtonpa foi como Orgyenpa. Durante sua vida ele teve um papel extremamente importante na linhagem, mas ainda não há nenhuma história de sucessivas linhas de encarnação.

A roda que realiza todos os desejos

49

seu principal discípulo, Khacho Wangpo, o 2º Shamarpa[10] que, em seguida, retransmitiu a linhagem para o 5º Karmapa, Deshin Shekpa.

É importante enfatizar aqui, mais uma vez, que esta é uma linhagem ininterrupta de conhecimento e realização, não simplesmente um conjunto de conhecimentos transmitidos de um ser para o outro. É uma linhagem imaculada, pois é uma transmissão de sentido e realização e não simplesmente de conhecimento intelectual. Não há nenhuma diferença entre o professor e seu principal discípulo a quem o ensinamento é transmitido. Eles são considerados como sendo indissociados. Não é possível distingui-los em termos da sua profundidade de conhecimento ou de realização.

Deshin Shekpa repassou a transmissão a Rigpe Raldri, que a transmitiu ao 6º Karmapa, Tongwa Donden. Em seguida, ele a trasmitiu para Bengar Jampal Zangpo, que foi o autor da prece curta à Vajradhara que normalmente fazemos (Dorje Chang Tungma[11]). Ele então passou-a para Goshri (Paljor Dondrup), que foi o 1º Gyaltsap Rinpoche. Gyaltsap Rinpoche passou para o 7º Karmapa, Chodrak Gyamtso, que então a transmitiu para seu discípulo, Sangye

---

10 O Shamarpa anterior a esse não estava nesta linhagem de transmissão particular.

11 Bengar Jampal Zangpo também é conhecido por dar nome a um grande lago no Tibete como o "Lago do Céu", *Namtso*. No meio do lago existe uma ilha. Bengar Jampal Zangpo nomeou a ilha Sormodho, que se refere ao pequenino tamanho da ilha – o tamanho de uma unha. Ele sobreviveu nessa ilha por doze anos. Não sabemos como ele sobreviveu. Normalmente, o lago teria congelado e ele teria sido capaz de ir buscar provisões. Mas o lago não congelou até ele se tornar realizado.

Khenpo Karthar Rinpoche

Nyenpa Rinpoche[12]. Ele, por sua vez, passou para o 8º Karmapa, Mikyo Dorje, que passou para o seu principal aluno, Konchog Yenlak, o 5º Shamarpa.

Konchog Yenlak passou para Wangchug Dorje, o 9º Karmapa, que passou para o 6º Shamarpa, Chokyi Wangchug. Ele, por sua vez, passou para Namdaktsen, que repassou para o grande *siddha* Karma Chagme[13]. Ele transmitiu para Dulmo (Chöje) Rinpoche, que passou para o 8º Shamarpa, Palchen Chokyi Dondrup. Este, então, passou para Tenpai Nyinje, o 8º Tai Situpa, que compôs a breve prática diária de Tara Branca que fazemos (o texto completo dessa prática aparece no Apêndice A). A partir dele, a linhagem foi transmitida para Dudul Dorje, o 13º Karmapa.

Como você pode ver, três dos Karmapas (o 10º, o 11º e o 12º) não estão nesta linhagem. Isso se deve ao fato de que durante o tempo do 10º Karmapa havia muita agitação política no país, o que tornou impossível para ele receber a transmissão. O 11º e 12º Karmapas não a receberam porque

---

12 Sangye Nyenpa também é conhecido como o *siddha* Tashi Paljor. Ele foi a primeira encarnação Sangye Nyenpa, e desempenhou um papel importante para manter a linhagem. A atual encarnação é o 12º Nyenpa *tulku*. Ele completou o estudo intensivo em Rumtek e agora vive no Ocidente. Entre suas inúmeras encarnações, esta foi a única na qual ele foi um detentor da linhagem da prática de Tara Branca.

13 Karma Chagme foi extremamente conhecido e desempenhou um papel importante na defesa desses ensinamentos. Mas, desde então, nenhuma das suas sucessivas encarnações estão na linhagem de Tara Branca. Karma Chagme foi o tutor de Mingyur Dorje, e quando Mingyur Dorje teve visões de Amitabha e recebeu ensinamentos dele, era Karma Chagme quem os transcrevia. Eles são conhecidos como os ensinamentos "Dharma espaço". Karma Chagme também escreveu a curta prática de Mahakala que fazemos.

faleceram muito jovens[14]. Em vez disso, esta linhagem particular foi transmitida por meio de outros grandes mestres e depois retornou ao 13º Karmapa.

O 13º Karmapa passou a transmissão a Pema Nyinje Wangpo, o 9º Tai Situpa, que alcançou plenamente a realização, e então passou-a para o 14º Karmapa, Tekchog Dorje, que repassou para seu principal discípulo, Pema Garwang Tsal, que é o nome *vajrayana* de Jamgon Kongtrul Lodro Thaye, o 1º Jamgon Kongtrul. Ele foi o autor original da oração da linhagem de Tara Branca e também compôs uma segunda breve prática de Tara Branca que é feita amplamente dentro da linhagem Kagyu (o texto completo dessa prática aparece no Apêndice B).

Jamgon Kongtrul, a seguir, passou a linhagem para Khakhyab Dorje, o 15º Karmapa, que repassou-a para Pema Wangchog Gyalpo, o 11º Tai Situ Rinpoche. Ele passou para Khyentse Ozer, que foi uma das cinco emanações do segundo Jamgon Kongtrul.

Ele foi o filho do 15º Karmapa e se estabeleceu em Palpung. Foi ele quem transmitiu a linhagem para o 16º Karmapa, Rangjung Rigpe Dorje.

Desta forma, a linhagem foi mantida intacta até os dias atuais. Normalmente comparamos isto ao derramar de todo o conteúdo de um vaso cheio para outro. Qualquer coi-

---

14 O Tibete tem muitas regiões, mas foi dividido em três principais. Duas delas são conhecidas como U e Tsang. Houve agitação política entre os líderes políticos de U e Tsang, e o Karmapa foi forçado a deixar seu principal monastério com um grande número de alunos. Embora ele seja o Karmapa e o detentor da linhagem Kagyu, de modo geral, ele não teve a oportunidade de realizar esta linhagem particular. A instabilidade política continuou depois que ele morreu, e, talvez por conta dessa agitação, o 11º e o 12º Karmapas morreram ainda jovens.

sa contida no vaso é vertida completamente, cada gota, para o outro. Desta forma, a linhagem ininterrupta das palavras, o significado dos ensinamentos essenciais e instruções orais e a sua realização são transmitidos de forma intacta.

Eu mesmo recebi a iniciação, a leitura de transmissão, e as instruções dos antecessores Traleg Rinpoche, Traleg Chökyi Nyima, que tinha recebido de Duntrö Rinpoche que, por sua vez, era discípulo de Jamgon Kongtrul Lodro Thaye.

Pergunta: Poderíamos dizer que qualquer guru realizado que transmita a linhagem a um aluno é um guru da linhagem?

Rinpoche: Durante o tempo de cada um desses detentores de linhagem, muitas centenas de milhares de pessoas alcançaram realização por ter recebido a transmissão e feito a prática. No entanto, apenas o principal dentre eles foi proclamado e reconhecido como o detentor da linhagem. Outros lamas praticantes dentro da linhagem na época foram mais como ramos da linhagem raiz. Uma árvore pode ter muitos galhos, mas há apenas um tronco principal. Sem o tronco você não pode ter filiais, mas o ramo não é o tronco.

De certa forma, cada detentor da linhagem é reconhecido por todos os praticantes da linhagem na época como um guru raiz, independentemente de sua eventual relação pessoal com ele. Isto porque a transmissão da linhagem depende deste detentor da linhagem. Portanto, de forma indireta, existe uma certa relação com o guru raiz. No entanto, apesar de todos dentro da linhagem reconhecerem o detentor da linhagem como sendo o guru raiz, no que se refere à sua prática pessoal, é possível ter uma relação direta de guru raiz, como outro lama, uma vez tendo recebido dele instrução pessoal direta e orientação. De fato, o seu guru raiz é aquele que participa diretamente da sua vida, podendo não ser necessariamente o principal detentor da linhagem. Ele é como um ramo do tronco.

A PRÁTICA PRINCIPAL: A SÚPLICA À LINHAGEM

A prática de Tara Branca em si, começa com a súplica aos lamas da linhagem. Existem várias razões para fazer isso. Uma delas é que todos os membros desta linhagem tiveram visões de Tara Branca, estabelecendo sua relação com ela e, consequentemente, recebendo suas bênçãos de forma direta e poderosa. Outra razão é reforçar a confiança. Lembramo-nos do fato de que estas instruções vêm por meio de uma linhagem ininterrupta – ininterrupta no sentido não só da transmissão das palavras, mas também da transmissão do seu verdadeiro significado.

A súplica à linhagem começa com as palavras em sânscrito NAMO GURU ARYA TARA YE, que significa "Homenagem à Guru e Arya Tara". Em seguida, a primeira seção da súplica à linhagem perpassa os nomes dos membros da linhagem, que foram apresentados no capítulo anterior. Você deve ter notado que desde o tempo de Gampopa a linhagem segue principalmente a estrutura da linhagem Karma Kagyu, conhecida como a Guirlanda de Ouro. O único caso fora da linhagem principal ocorre após o 9º Karmapa e o 6º Shamarpa. E novamente retorna à linhagem com o 8º Tai Situpa, Tenpai Nyinje, e continua até o presente com a mesma linhagem por todo o caminho, até o 16º Karmapa, Rigpe Dorje.

Então você recita: "Para a Nobre Senhora que personifica todos os lamas-raiz e lamas da linhagem e aqueles que detêm as seis tradições de sua linhagem de amadurecimento, liberação e dispensa". Ainda que esta prática enfatize a linhagem de Atisha, a súplica solicita as bênçãos das outras cinco linhagens, uma vez que todos das linhagens são essencialmente o mesmo e todas detêm grande bênção.

São duas as funções da linhagem. A primeira é conhecida em tibetano como *min drol*, que significa "amadurecimento e liberação". Esta expressão se refere ao processo que ocorre quando um novato que recebe instruções e orientações, sinceramente as coloca em prática e aos poucos amadurece, finalmente atingindo a realização em uma só vida. Um exemplo de "amadurecimento" é quando o paciente toma a medicação indicada e o tratamento começa a ter algum efeito. A dor fica menor e a doença diminui gradualmente. A "liberação" é quando, no final do tratamento, a pessoa se torna completamente livre da doença. Da mesma forma, esta linhagem de prática pode diminuir a nossa confusão e assim por diante e, finalmente, levar-nos à liberação.

A segunda forma característica da linhagem é conhecida como "dispensa", ou kabap em tibetano. Muitos dos grandes detentores da linhagem haviam realizado esta prática em vidas anteriores e, portanto, haviam participado da manutenção dessa linhagem ininterrupta reencarnando repetidas vezes como lamas-raízes da linhagem. Por já terem atingido a realização da divindade em vidas anteriores, quando seu professor introduziu a prática para eles, houve uma experiência imediata de realização. *Kabap* refere-se ao despertar da percepção que o aluno já tem. É preciso muito pouco preparo além de uma revisão.

Então fazemos a fervorosa oração: "abençoe-me para que eu aperfeiçoe os estágios de desenvolvimento, recitação de mantra e realização, e obtenha o corpo *vajra* de suprema sabedoria da imortalidade". Com esta oração, aspiramos os que – com a forma maculada com a qual você visualiza, com o seu discurso maculado por meio do qual você recita o mantra sagrado, e a mente maculada, com o qual você pratica os estágios de geração e de realização da prática –, alcancemos um estado além do nascimento e morte. Este é o estado de realização de Tara em si, o *dharmakaya*, o estado de pleno despertar, onde todas as obscuridades foram removidas e seu estado real de ser é o corpo *vajra* de sabedoria.

Finalmente fazemos a aspiração de que, tendo alcançado esse estado, "possamos nos tornar inseparáveis da Roda que Realiza Todos os Desejos, que dá nascimento a todos os vencedores e, espontaneamente, realiza os dois benefícios".

Os dois benefícios ou objetivos são: (1) a sua própria realização do completo despertar, vitoriosa sobre todas as máculas; e, (2) que tendo experimentado o despertar em si mesmo, possa beneficiar os outros, emanando o que for necessário para satisfazer as necessidades dos seres. Outra maneira de dizer isso é que os dois benefícios consistem na realização do despertar da forma do *dharmakaya* para seu próprio benefício, e a manifestação dos corpos formais, *samboghakaya* e *nirmanakaya*, para o benefício dos outros.

A maioria das *sadhanas* é precedida por alguma forma de súplica à linhagem. Esta é uma parte muito importante da prática. Quando há uma linhagem ininterrupta, há algo de genuíno nisso. Algo de original original e atualizado. Quando nos abrimos na presença dos lamas da linhagem, isso pode ter um tremendo poder para ajudar que resultados apareçam. Por isso, é muito profundo e prático. Se fizermos as mesmas orações para alguém que não recebeu a transmissão e não é um detentor da linhagem, não receberemos o mesmo benefício. É como plantar grãos de areia. Não importa o quanto o solo seja excelente, os grãos

A roda que realiza todos os desejos

de areia não irão produzir brotos. Mas quando semearmos sementes de grãos verdadeiros no mesmo solo, eles vão começar a crescer. Nesse caso, temos as condições necessárias para um broto surgir.

Um praticante fervoroso que entra na prática, que reconhece os lamas da linhagem e sinceramente solicita as suas bênçãos, pode receber as bênçãos da linhagem por causa da compaixão incondicional dos lamas e suas excelentes qualidades. Cada detentor da linhagem é inseparável de Tara. Embora cada um tenha manifestado a aparência da morte aos olhos dos seres mundanos, em realidade, eles estão livres da morte. Assim, tal praticante pode experimentar as bênçãos dos detentores da linhagem de uma forma muito perceptível, e isso é essencial para que possam compreender o significado da prática.

Pergunta: Como funciona o processo de amadurecimento e liberação?

Rinpoche: Agora, temos um corpo físico, com todas as suas complicações e deficiências. Temos também uma fixação por este corpo físico como sendo algo que é real e verdadeiro. Através da visualização de nosso corpo como sendo o corpo de Tara, podemos dar origem a uma experiência que transcende a essa fixação. Desta forma, podemos gerar um estado além das limitações comuns. Esse é um aspecto que chamamos *kyerim*.

Outro aspecto é que, atualmente, o nosso discurso é cheio de defeitos e impurezas. Os frutos da fala ordinária são frequentemente prejudiciais para nós mesmos e para os outros. Por exemplo, fofocas e calúnias resultam em danos e acúmulo de padrões habituais que produzem mais danos no futuro. Nós transcendemos e purificamos este tipo de contaminação e distorção da fala através do uso do mantra (*ngagrim*).

Por fim, há o estágio de conclusão ou perfeição (*dzogrim*), por meio do qual experimentamos as visualizações e mantras livres de fixação e dualidade e descansamos em um estado livre de pontos de referência. Então, começamos com a visualização e, por fim, transcendemos a isso, para descansar em um estado não-conceitual: a natureza última da realidade. Estes são, em certo sentido, os estágios. Agora estamos começando a entender o que são os estágios, mas isso não é suficiente. Devemos verdadeiramente realizar as fases e tornarmo-nos inseparável de Tara.

Quando atingirmos o estado de Tara, alcançaremos o *siddhi* da imortalidade. Mas você será capaz de entender melhor isso se eu explicar de uma forma mais simples: vamos ter liberdade sobre o nascimento e a morte. É a imortalidade nesse sentido. Até agora, a nossa experiência de nascimento e morte é um tipo de nascimento e morte sobre a qual não temos controle. Ela é determinada por circunstâncias externas a nós mesmos, como o karma. Estamos sujeitos à força da degeneração. Estamos dependentes de fatores alheios. No entanto, para Tara, ou para qualquer um que tenha realizado o estado "além da morte", a experiência do nascimento e da morte não está sujeita a condições externas.

Uma vez atingido esse estado, a experiência do nascimento e da morte dependerá apenas de você. Sempre que você quiser morrer ou manifestar um nascimento, você pode. Se você tiver liberdade sobre nascimento e morte, então morrer e nascer não serão um problema. Não são dolorosos. Apenas quando não há liberdade sobre eles é que se sente dor e sofrimento.

A roda que realiza todos os desejos

Pode parecer uma contradição dizer que todos os mestres da linhagem alcançaram o corpo *vajra* de imortalidade e, em seguida, dizer que todos os mestres da linhagem morreram. Mas não há nenhuma contradição. Para dar um exemplo que pode esclarecer isso, vamos dizer que alguém tem que limpar um campo onde há árvores, pedras, grama e assim por diante. Se esse indivíduo só tem um machado, ele pode trabalhar nas árvores, mas se tentar cortar a grama ou pedregulhos com o machado, seria estranho e difícil. Devido às coisas diferentes com as quais terá que trabalhar, ele necessitará de ferramentas distintas. Elas se parecem diferentes e cumprem diferentes funções à luz do resultado, no entanto, estão cumprindo a mesma finalidade que é de limpar o terreno.

Da mesma forma, são necessários métodos diferentes para trabalhar com diferentes seres. A forma ou método particular que foi eficaz para determinados seres em um dado momento não o será necessariamente para os seres de um tempo diferente, porque a forma com que as máculas se manifestam é diferente. Portanto, seres iluminados se manifestam de várias maneiras simplesmente para fazer o que tem de ser feito. Eles se manifestam para o benefício dos outros.

Na analogia acima a pessoa que está trabalhando no campo é como a mente de Tara, que está além da morte. As ferramentas que ela usa para limpar o campo são as manifestações dos seres iluminados. As ferramentas podem parecer diferentes, mas têm a mesma finalidade.

Através da compreensão de como praticar, e por meio de sua prática efetiva, podemos realizar a essência de Tara. Quando tivermos realizado a essência de Tara, então nos tornaremos inseparáveis de Tara e dos detentores da linhagem. Tendo alcançado essa compreensão, estaremos livres dos sofrimentos do nascimento, doença, velhice e morte. Além disso, estaremos livres das tendências habituais e emocionais, tais como os três venenos (apego, ódio e ignorância). Estes venenos e suas ramificações são as causas de toda a nossa confusão e sofrimento.

É essencial realizarmos Tara, pois não podemos beneficiar os outros em nosso estado atual de confusão. No entanto, quando estivermos completamente livres destas limitações, seremos capazes de beneficiar os outros sem limitações, dificuldades ou sofrimentos, assim como os grandes *bodhisattvas*, que trabalham continuamente para benefício dos seres. Então, enquanto a existência cíclica não se esvaziar de sofrimento, a atividade de beneficiar os outros vai continuar incessantemente e espontaneamente.

A prática principal: Tomada de Refúgio

Após a súplica à linhagem, começamos por tomar refúgio nos objetos de refúgio perfeitamente despertos. Em seguida, geramos a mente do despertar, o que significa direcionar a nossa mente para a motivação adequada, ou *bodhicitta*. Estes dois devem ocorrer no início de qualquer prática do *mahayana* ou *vajrayana*, a fim de que ela seja autêntica. Fazer uma prática sem eles é como caminhar, mas indo na direção errada.

Atualmente, somos como alguém que tem uma doença grave. Nossas mentes são perturbadas por padrões habituais e impurezas que causam sofrimento agora e causarão sofrimento no futuro. Como tal, o que precisamos fazer e a quem devemos nos dirigir para pedir ajuda e refúgio?

Em geral, tomar refúgio é algo familiar para nós. Ao longo de nossas vidas continuamente nos refugiamos em algo. Por exemplo, quando éramos crianças, nós nos voltávamos para os nossos pais como fonte de refúgio, ajuda, proteção e sempre que havia perigo, desconforto, infelicidade ou o desejo de conforto e segurança. Mais tarde, quando adultos, dependemos de outras pessoas e objetos como uma espécie de refúgio – um possível abrigo do qual imaginamos que recebemos um elemento de proteção ou de segurança.

Algumas pessoas ainda reconhecem alguns aspectos da natureza, como uma grande montanha, uma árvore grande ou um oceano como tendo o poder de ser um santuário, e os consideram como sendo objetos de refúgio. Outros, que precisam de alguém para reverenciar, honram os seus antepassados, na esperança de que eles de alguma forma os ouçam e possam ajudar quando precisarem de proteção ou segurança. Outros ainda se voltam para uma pessoa bem conhecida no mundo, uma personalidade popular conhecida por ter feito algo construtivo ou bom em grande escala. Assim, a noção de tomar refúgio não é particularmente nova para nós.

Mesmo em nossa própria experiência, no entanto, podemos ver que os objetos comumente tomados como refúgio têm falhas, pois é evidente que, essencialmente, esses objetos não podem levar ninguém à liberação do sofrimento e da confusão. Além disso, fica claro que, ao confiar neles, muitas vezes encontramos mais problemas do que benefícios. Embora no início possa parecer, por vezes, algo benéfico, talvez por causa de nossas próprias esperanças, a longo prazo ocorrem mais danos do que benefícios devido às deficiências/desvantagens desses objetos.

Isso ocorre porque esses próprios objetos estão sujeitos às confusões e limitações da existência cíclica. Eles não são livres de seu próprio autoapego e ignorância. Dessa forma, como eles poderiam nos ajudar a nos liberar das nossas próprias confusões? Se sofremos por causa de nossas tendências habituais nocivas e olhamos como inspiração para objetos de refúgio que também manifestam os mesmos padrões, isso poderá aumentar o problema em vez de resolvê-lo. Usando novamente a analogia da pessoa doente, se nos aproximamos de um médico que ouve falar de doenças e tratamento, mas não tem conhecimento do tratamento da doença ou do que causa a doença, ele não seria útil.

Assim, é evidente que, independente da quantidade de outros conhecimentos que possam possuir, a maioria dos seres não encontra objetos de refúgio apropriados. Em geral,

A roda que realiza todos os desejos

os seres não desenvolveram sabedoria para compreender o que é um verdadeiro objeto de refúgio, uma vez que lhes falta orientação adequada. Também lhes falta discernimento para ver além de sua própria realidade relativa grosseira e neurótica.

Quais são as características de um verdadeiro objeto de refúgio? Primeiro, para ser genuíno, um objeto de refúgio em si deve estar livre da confusão e tendências habituais nocivas que causam sofrimento. Isso é verdade pois, se queremos nos tornar livres das causas reais, acabar com o nosso sofrimento e deficiências, devemos nos relacionar com os objetos de refúgio que estão livres de tais causas de sofrimento em si mesmos. Só então eles podem ser uma inspiração útil, uma ajuda e um exemplo. Em segundo lugar, um verdadeiro objeto de refúgio deve estar totalmente empenhado em liberar os outros seres das causas do sofrimento. Isso demonstra que eles têm a verdadeira compaixão e bondade para com os outros.

Quando consideramos quais devam ser as características de um verdadeiro objeto de refúgio, começamos a entender que o único objeto verdadeiro de refúgio é Buda. Como foi explicado, em diversas ocasiões, a palavra para Buda em tibetano é *sang gye*. *Sang* significa literalmente "purificado", e aqui significa completamente purificado de todas as impurezas e, portanto, refere-se à liberação de todas as tendências habituais e emocionais. *Gye* significa "flor" ou "para expandir", que aqui se refere ao florescimento da completa sabedoria e conhecimento – a mente completamente desperta. Assim, Buda é aquele que está livre de todas as impurezas e dotado com o perfeito e completo conhecimento e qualidades[15].

Uma vez que Buda é livre de confusão e de sofrimento, ele pode conduzir os outros seres para o mesmo estado. Este é o maior benefício possível, sem erro ou falha. Portanto, Buda é o único verdadeiro objeto de refúgio. Ao tomar refúgio, nós reconhecemos Buda pelo que ele é, e fazemos a aspiração de seguir seu exemplo. Precisamos de sua orientação e inspiração a fim de fazê-lo. Para obter essa inspiração e orientação é que nele nos refugiamos. Portanto, não somente encontramos a inspiração no Buda, mas nos refugiamos nele. Estamos fazendo algo a respeito disso. Isso significa que temos uma visão muito especial sobre nossas vidas. E estamos tentando completar o seu potencial máximo.

Uma vez que Buda é nosso exemplo último de sanidade, seguir o mesmo caminho que ele seguiu é o caminho para alcançar a liberação. Devemos lembrar que todos os budas, no passado, foram seres comuns como nós. Assim como nós, eles tinham sofrimento e padrões habituais que causavam sofrimento. Aplicando os remédios adequados e não desistindo do caminho para a liberação da confusão, eles finalmente obtiveram completa liberação, conhecimento e sabedoria. É algo que desenvolveram e conseguiram. Portanto, isto é algo que podemos fazer também, pois isso

---

15 Quando se toma refúgio no Buda, a relação não se dá apenas com o Buda histórico mas com todos os budas que existiram no passado, do presente ou que no futuro atinjam o estado de pleno despertar. Além disso, considera-se o estado de despertar em si como sendo o *trikaya*, ou três corpos – o *Dharmakaya*, que é o estado de despertar em si, e o *samboghakaya* e o *nirmanakaya*, que são emanações para o benefício dos seres. Assim, tomando refúgio no Buda você toma-se refúgio nos *trikayas* do passado, presente e futuro.

já foi feito por pessoas comuns. Podemos seguir seus bons exemplos. Isto é muito prático, como evidenciado por suas realizações.

Tendo tomado refúgio no Buda, devemos sinceramente reconhecer os métodos que levam à experiência do estado de Buda. Da mesma forma como fizeram os budas, temos de aplicar os remédios adequados, se quisermos alcançar a liberação do sofrimento e da confusão. É por isso que nós tomamos refúgio no Dharma, que em tibetano é tcho, e refere-se aos ensinamentos do Buda – o caminho ou métodos que ele ensinou e que levam à perfeita liberação[16].

Assim, não apenas devemos admirar o Buda – mas devemos nos esforçar para experimentar o mesmo estado que Buda experimentou. A iluminação de Buda é a prova de que este é o verdadeiro caminho. Esta é uma abordagem pragmática.

Refugiar-se no Dharma significa reconhecer o caminho e fazer um compromisso com ele. Este é o verdadeiro significado de tomar refúgio no Dharma. Se você não reconhecer o caminho e comprometer-se com o caminho, então você não tomou refúgio no Dharma[17]. É semelhante à situa-

---

16 *Tcho* também se refere ao Dharma vivo de realização - todas as realizações do significado do Dharma que existem na mente de todos os que são elevados por terem realizado a verdadeira natureza dos fenômenos.

17 A palavra Dharma em tibetano é *tcho*. O significado literal de *tcho* é "mudar o curso." Por exemplo, uma pessoa que sofre de alguma doença deseja ter algo que vai curar sua doença. Introduzir uma mudança para reverter o curso da doença é *tcho*. Os grandes mestres budistas Yiknyen e Vasubandu ensinaram que o significado do Dharma é duplo: *Tchopa* e *kyopa*. *Tchopa* significa "para mudar o curso ou causar o efeito oposto", tais como a mudança ou retrocesso que ocorre quando alguém cura a

ção em que uma pessoa doente se refugia no tratamento que é prescrito pelo seu médico. Para se tornar curado da doença de uma forma prática, o paciente deve seguir o tratamento, bem como as orientações do médico.

No mahayana tomamos, tomamos refúgio a partir deste momento até que tenhamos conseguido despertar completamente – isto é, até realizarmos o que o Buda realizou. Em outras palavras, tomamos refúgio até realizarmos completamente os ensinamentos do Dharma. Tomar refúgio desta forma é uma abordagem inteligente e pragmática para alcançar a liberação do sofrimento. Não é apenas uma idéia vaga sem importância prática. Tomamos refúgio com plena confiança de que há algo em nossa vida que precisa ser cuidado e esta é a abordagem correta.

Entretanto, já se passaram mais de 2.500 anos desde que o Buda ensinou esses métodos, e a inspiração de sua presença física não está mais disponível para nós. Como, então, devemos aplicar o Dharma às nossas vidas? Para isso, a nossa relação com a Sangha, ou *gendun,* em tibetano, é indispensável. Desde o tempo de Buda até os dias de hoje, aqueles que têm mantido e preservado a linhagem ininter-

---

causa de uma doença e retorna à saúde. Assim, o curso de nossas impurezas é alterado no caminho, e nos libera de suas contaminações. Mas *tchopa* por si só não é a definição completa de Dharma. É também *kiopa,* que significa "proteger". Neste contexto, significa proteger das recorrências futuras. O duplo benefício de *tchopa* e *kyopa* são os efeitos relativos e finais do Dharma. Vasubandu declarou clara e diretamente que a profundidade do BuddhaDharma reside neste fato. Porque o Dharma tem este duplo benefício de *tchopa* e *kyopa*, qualquer prática genuína deve incluir ambos. Certamente, se só se pudesse tirar os sofrimentos por meio do Dharma, mas, não protegido da possível recaída, o benefício acabaria por se esgotar e se cairia novamente sob o poder das contaminações, sofrendo novamente.

A roda que realiza todos os desejos

rupta e e experiência de seus ensinamentos são os membros da Sangha. Se eles não nos introduzissem nas etapas do caminho, não teríamos nenhuma chance de praticar o verdadeiro Dharma. Portanto, tomamos refúgio na Sangha.

A Sangha é o conjunto de amigos espirituais. É descrita como suprema entre todas as congregações e como sendo a base para a acumulação de mérito. Os ensinamentos vieram até nós em uma linhagem ininterrupta devido aos esforços dos grandes detentores da linhagem, que tomaram para si a responsabilidade de que esses ensinamentos fossem preservados e disponibilizados para nós. Tendo feito isso, eles são a fonte da maior acumulação possível de mérito. A Sangha são amigos espirituais indispensáveis e, por isso, tomamos refúgio nela.

Vamos olhar para isso de outra perspectiva. Não tivemos a sorte de encontrar o Buda no tempo em que ele viveu. Por conta da nossa própria ignorância e confusão, não tivemos o karma de ter nascido na época e local onde o Buda ensinou. Ainda assim, mesmo sem a presença física do Buda, seus ensinamentos ainda estão disponíveis porque a Sangha os tem preservado em uma linhagem ininterrupta. No entanto, não temos força suficiente para aplicar os ensinamentos por meio do nosso próprio esforço. Nós não poderíamos praticar correta e totalmente sem a ajuda de amigos espirituais. É somente em virtude de sua bondade que somos capazes de começar a aprender e compreender os ensinamentos e, eventualmente, alcançar realização por meio das práticas.

A Sangha é evidentemente indispensável. Seus membros fazem da liberação do sofrimento e da confusão uma realidade. São uma parte essencial da jornada. Eles nos

Khenpo Karthar Rinpoche

mostram como fazê-lo. São autoridades espirituais que representam as duas coisas: exemplo e inspiração. Sustentam a linhagem dos ensinamentos. Refugiando-se na Sangha estamos reconhecendo a sua indispensabilidade e seu papel nesta importante jornada, percebendo que é pela bondade da Sangha que se pode experimentar os benefícios dos ensinamentos. Mais uma vez, isto é muito prático.

Pergunta: As emanações de Buda se auto reconhecem? Como alguém os reconhece? Será que eles reconhecem uns aos outros?

Rinpoche: Eles sabem o que são e quem eles são, mas é muito difícil para nós reconhecer uma emanação de um Buda e distingui-lo de qualquer outra pessoa, porque quase não há limite para a forma que eles podem tomar ou o que poderiam estar fazendo. A única coisa que se pode garantir sobre eles é que vão ser uma fonte de benefício imediato ou final para os outros, ou ambos. Eles não se envolvem em algo que é prejudicial para os outros. Afora essa declaração muito geral, poderiam se parecer com qualquer um ou qualquer coisa e fazer praticamente qualquer coisa, então não há nenhuma maneira para que nós os reconheçamos. No entanto, emanações de Budas se reconhecem e eles podem também reconhecer outras emanações de Budas.

A Prática principal: Gerando a *BODHICITTA*

Sem um compromisso genuíno e imparcial com o bem-estar dos outros, o estado de Buda não pode ser alcançado. *Bodhicitta* age como um barco que nos transporta em nossa jornada para o estado de Buda. Através do desenvolvimento da perfeita bondade e compaixão para com os outros, todos os budas alcançaram a iluminação, livre de sofrimento e confusão, dotada do perfeito conhecimento, sabedoria e capacidade para beneficiar os seres em grande escala. Esta atitude é o aspecto mais importante da nossa prática, se quisermos alcançar a iluminação. Por isso, é essencial gerarmos a aspiração iluminada da *bodhicitta*.

A nossa aspiração não deve ser limitada. Devemos gerar a atitude, a aspiração e o compromisso de realizar a liberação de todos os seres, sem exceção – e não apenas de alguns sofrimentos e dores, mas de todas as formas de sofrimento.

Para ser realmente capaz de beneficiar os seres, precisamos ter acumulado uma grande quantidade de mérito. A melhor maneira de acumular mérito é por meio de aspirações saudáveis. Por isso dedicamos o mérito de todas as nossas ações virtuosas – seja através da prática da generosidade, da conduta moral ou de qualquer uma das outras *paramitas*, ou do mérito de escutar, refletir e praticar os ensinamentos, bem como de qualquer outro mérito que tenhamos acumulado no passado, presente ou futuro – para a realização da mente desperta.

Quanto mais cedo conseguirmos a iluminação, mais cedo poderemos beneficiar os seres em grande escala. Até lá, quanto mais tivermos praticado, mais benefícios poderemos realizar. Assim, há uma urgência para isso, e, desta forma nós oramos para alcançar a iluminação rapidamente.

Como um meio de cultivar a pura mente iluminada da *bodhicitta*, recitamos e contemplamos as quatro incomensuráveis, ou *tse mey shi* em tibetano. Através da contemplação das quatro incomensuráveis, chegamos a compreender a natureza dos seres, o que eles estão enfrentando, suas necessidades, o que deve ser aceito e o que deve ser abandonado. Isso nos ajuda a treinar a nossa mente para termos aspirações adequadas.

A primeira incomensurável é "Possam todos os seres ter a felicidade e as causas da felicidade". Isto é, o que nós desejamos para todos os seres, não devemos limitar nossa aspiração apenas às pessoas de um país ou grupo, nem a um gênero particular, nem somente para os seres humanos. Nós fazemos este desejo para todos os seres sencientes, sob qualquer forma que eles apareçam, onde quer que apareçam – para todos os seres sencientes que têm sentimentos e consciência e que são capazes de sentir dor e sofrimento.

Normalmente, o que os seres entendem como felicidade pode ser uma fonte de sofrimento futuro. Este não é o tipo de felicidade que desejamos para eles. Todos os estados de felicidade genuína surgem de estados anteriores de virtude e de ações virtuosas. Isto é o que nós desejamos para eles, pois isso conduz à felicidade presente e futura e, por fim, para a grande felicidade do estado de Buda em si mesmo. Treinar a mente dessa forma enseja o desenvolvimento da bondade amorosa, ou *jampa* em tibetano.

A segunda incomensurável é a compaixão ilimitada, ou *nyingje* em tibetano. Nós oramos: "Possam todos os seres estar livre do sofrimento e das causas do sofrimento". Estamos orando para que todos os seres, sem exceção, tornem-se livres de quaisquer sofrimentos físicos, mentais e emocionais que possam ter, incluindo o sofrimento de ser privados do que precisam ou querem, os grandes sofrimentos daqueles que estejam nos reinos inferiores e assim por diante.

Desejamos que eles sejam livres não só de seu sofrimento presente, mas também das causas de todo o sofrimento futuro. Assim, uma vez que estados não-virtuosos e ações não-virtuosas são as causas do sofrimento, desejamos que os seres sejam livres de todas as tendências habituais e obscuridades que causam todas as diversas formas de sofrimento. Aspiramos ardentemente que todos eles sejam liberados agora. Esta não é apenas uma idéia. É um compromisso.

Quando fazemos a aspiração deste modo, trata-se de uma compaixão incomensurável porque fazemos essa aspiração para todos os seres sencientes, que são em número ilimitado. Outra razão para que seja incomensurável é o fato de não ser limitada a apenas um tipo de sofrimento, tal como apenas ao sofrimento de calor, ou apenas da dor. Ela inclui todos os sofrimentos que qualquer ser possa vivenciar. Da mesma forma, inclui toda e qualquer causa do sofrimento – quaisquer obscuridades, padrões habituais e confusão que existam. Em todos estes aspectos, de forma incomensurável.

A terceira incomensurável é conhecida como alegria incomensurável, ou *gawa* em tibetano. Isto é expresso pela frase "Possam eles nunca estar separados da verdadeira felicidade, que é livre de todo sofrimento". Esta incomensurável é o resultado das duas primeiras. Ter felicidade e suas causas, e estar livre do sofrimento e das suas causas é a experiência da felicidade última da budeidade. Este estado de despertar está além de todo o sofrimento. É a mente da alegria perfeita.

Esta felicidade não é como a felicidade mundana ordinária, que não é completa. Ela é total alegria – perfeita felicidade –, não sujeita a qualquer forma de alteração, limitação ou sofrimento. Nós aspiramos sinceramente que todos os seres possam experimentar tal estado, e o pensamento de sua realização é um motivo de grande alegria para nós.

A quarta incomensurável em tibetano é *tang nyom*. Literalmente, isso significa "mesmo para fora", mas é mais precisamente traduzido como "equanimidade". Nós oramos: "Que todos os seres sencientes permaneçam na grande equanimidade, que é livre de apego e aversão, aos que estão perto e aos que estão longe". Atualmente, há aqueles dos quais gostamos e aqueles dos quais não gostamos. É uma experiência constante de apego e aversão, e este é um motivo de cada vez mais sofrimento. Somente quando permanecemos em um estado de equanimidade somos livres do sofrimento e das causas do sofrimento.

Nesta quarta incomensurável, não apenas reafirmamos nossa própria imparcialidade no direcionamento das três aspirações anteriores igualmente para com todos os seres, mas fazemos a aspiração de que todos os próprios seres cultivem tal estado de imparcialidade perfeito. É importante notar que a imparcialidade aqui não é um estado de apatia imparcial ou impassividade. Para deixar isso claro, ela é chamada de "grande equanimidade", que significa compaixão equânime.

Desta forma, geramos a *bodhicitta* e treinamos nossas mentes por meio da contemplação das quatro incomensuráveis. À medida que progredimos, no entanto, não é suficiente apenas treinar nossas mentes com as ferramentas das quatro incomensuráveis. Assim como uma pessoa muda não pode falar verbalmente com outra pessoa muda, da mesma forma uma pessoa que está profundamente presa nas aflições não pode libertar os outros. Portanto, devemos fazer um esforço realista para alcançar a liberação de todas as nossas impurezas e limitações de modo que, uma vez que sejamos livres, teremos a capacidade de beneficiar os outros. Esta prática é um meio hábil para realizar esse fim. Agora, com a base sólida de gerar as quatro incomensuráveis, ficamos mais envolvidos na prática de Tara Branca, a Roda que Realiza Todos os Desejos.

A PRÁTICA PRINCIPAL: A FASE DE DESENVOLVIMENTO (*KYERIM*)

Embora possuam a mesma essência, as práticas do budismo *Vajrayana* começam de forma diferente das práticas do *Mahayana* e *Hinayana*. Nas práticas *Hinayana* e *Mahayana* trabalhamos com o que está disponível e vinculados aos objetos da realidade. Nesse processo, praticamos e trabalhamos com aquilo que nossas mentes podem se relacionar imediatamente em um nível relativo. No entanto, no *Vajrayana*, ao invés de trabalhar com uma causa que acabará por trazer um certo resultado, o foco está no fruto, e é a partir dessa perspectiva que abordaremos a nossa prática. Como alguém que está trabalhando numa luminária. Existe a lâmpada, fios, parafusos, e assim por diante. Enquanto estas são as peças com as quais se está trabalhando, a pessoa ainda tem em mente uma imagem clara de qual resultado terá quando estiverem todas juntas. Da mesma forma, para participar adequadamente da prática de Tara Branca, precisamos fazer os preparativos adequados. Nós preparamos nossa mente e nossa visão do mundo fenomênico de tal forma que possa acomodar Tara.

Tara é a mãe de todos os budas. Ela é a perfeita sabedoria que dá à luz a iluminação. Portanto, a prática começa com o mantra OM SHUNYATA JNANA BEDZRA SOBHAUA EMAKO HAM. Com este mantra meditamos sobre o vazio como uma preparação para a geração de nós mesmos como a divindade. Para entender a importância disso, é necessário entender o problema que está sendo remediado. O problema é que, a partir da nossa perspectiva, confundimos todas as coisas que experimentamos ou percebemos como sendo reais. Pensamos nelas como tendo uma existência inerente, separada de nossa percepção em relação a elas. É esse erro de considerar todos os fenômenos como sendo reais que gera as aflições mentais. Com base nas aflições mentais nos envolvemos em ações conflituosas e, com base nisso, sofremos naquilo que conhecemos como sendo os seis reinos da existência cíclica. Portanto, o problema fundamental que temos de corrigir é o equívoco de conceber as coisas como sendo reais. O remédio para isso é a lembrança de sua verdadeira natureza, que é a vacuidade.

Embora no início seja muito desafiador se relacionar com isso, é absolutamente necessário que o façamos. Do ponto de vista prático, a contemplação da vacuidade no início de uma prática de visualização cria o espaço na mente que permite o desenvolvimento da visualização. Isso é necessário porque, se tentarmos praticar a visualização numa perspectiva de reificação da aparência, não seremos capazes de imaginá-la, uma vez que a imagem visualizada será obstruída por sua percepção das coisas no mundo externo como sendo reais.

No entanto, é importante lembrar que as obstruções que estamos removendo não são causadas pela aparência da própria solidez em si, mas pelo conceito de solidez da nossa mente. No início, ao contemplar a vacuidade não estamos tentando alterar a aparência das coisas, mas abandonar sua conceituação habitual que considera as aparências como sendo sólidas, substanciais, inerentemente existentes e assim por diante.

Na medida em que se é capaz de abandonar esses conceitos, ou seja, na mesma medida em que a fixação ou obsessão em relação às aparências diminui, haverá um correspondente aumento no espaço em sua mente, permitindo uma melhor visualização. Por isso é tão necessário para a prática de visualizações a geração deste espaço da contemplação inicial do vazio, como o será para as práticas da fase de conclusão, que veremos a seguir.

O mantra *shunyata* purifica o ambiente e os equívocos mentais. Trata-se da dissolução das projeções contaminadas da mente, a partir da perspectiva de que todas as coisas não possuem existência verdadeira, uma vez que são impermanentes e interdependentes. Com a palavra *shunyata*, que significa "vacuidade", nós reconhecemos a vacuidade essencial de todos os fenômenos[18]. Tenha em mente que

---

18 *Shunyata* refere-se ao vazio de ambos os nossos mundos fenomênico e da mente conceitual interior que se apega às aparências. Os objetos aos quais a mente se apega são os objetos dos cinco sentidos: forma, sensação, sons e assim por diante. Aquilo que se apega a eles é a mente conceitual. Quando examinamos essa mente conceitual, começamos a ver que ela verdadeiramente não existe. Nesse sentido, se a mente não tem existência real, então, formas etc. não podem existir. Isso é porque elas são interdependentes. O que se apega e aquilo a que se apega só existem na forma dependente um do outro. Portanto, o mundo fenomenal não pode, por si só, existir. Ambos não têm existência verdadeira. Desta forma, eles são vazios e completamente sem ponto de referência. No entanto, simplesmente dizer que eles não existem e são, portanto vazios, é apenas um pensamento. Você nega existência quando diz que ele é vazio, e isso não é uma compreensão integral. A vacuidade não é uma coisa assustadora, tendo tudo desaparecido e nada com o que se relacionar. Pelo contrário. Por causa da verdade da vacuidade, o jogo da sabedoria se realiza. Você não pode dizer que isso é a sabedoria primordial e que é vazia. Você não pode separar aquilo que é daquilo que é a pérola do que é. Desta forma, vacuidade e sabedoria são inseparáveis e indestrutíveis. Sabedoria vê que a natureza do mundo fenomênico e da mente é vazia. O jogo da sabedoria é a expressão da vacuidade, e, uma vez que esta é a sua verdadeira natureza, é indestrutível. Ao se relacionar com o conceito de

a vacuidade nos ensinamentos budistas é a vacuidade além dos extremos dualistas, além de ponto de referência. Não é niilismo.

Por meio do desenvolvimento dessa perspectiva pura, a sabedoria (JNANA) se manifesta. Esta é liberação da consciência do dualismo. A união inseparável da sabedoria imutável ou indestrutível (BEDZRA, às vezes pronunciado BENZA[19]) com a vacuidade é a natureza (SOBHAUA) de todos os fenômenos, livre de contradição. A expressão "EMA-KO HAM" significa "permanecer" na inseparatividade da sabedoria indestrutível e da vacuidade. Com este mantra, nós permanecemos na natureza fundamental não-conceitual da mente – claridade e vacuidade. A consciência da natureza de todos os fenômenos como a união indestrutível de sabedoria e vacuidade é tanto o ponto de partida como resultado (fruto) em direção ao qual nós praticamos.

Juntando tudo, a tradução literal do mantra *shunyata* é: "Todas as coisas e eu somos a personificação da sabedoria indestrutível que é vacuidade". Lembre-se, porém, que este mantra não é algum tipo de magia que faz as coisas desaparecem ou dissolverem-se em um estado de vacuidade. Não estamos tentando tornar todas as coisas insubstanciais. Isso é o que elas já são. Assim, o propósito do mantra não é transformar as coisas, mas apenas para ajudar-nos a lembrar a verdadeira natureza das coisas, como elas sempre foram.

---

vacuidade você não deve sentir uma sensação de perda. Isso não é uma compreensão correta da vacuidade. O propósito de trazer a fruição em perspectiva aqui é criar um ambiente livre de percepções impuras para que você possa gerar uma perspectiva imaculada.

19 *Bendzra* é a pronúncia tibetana da palavra sânscrita *vajra*, que significa "indestrutível". [Ed.]

Khenpo Karthar Rinpoche

78

Depois de recitar o mantra, permaneça na experiência da vacuidade. Permanecer na vacuidade, no entanto, não é ficar pensando: "as coisas são vazias". Permanecer na vacuidade é simplesmente descansar sem qualquer tipo de conceito mental. Descanse simplesmente, sem fixar-se em qualquer coisa. Isso significa não se fixar em objetos de apreensão ou nas suas características e não se fixar naquilo que os apreende – a mente. Descansar dessa forma pelo tempo que você puder é o primeiro estágio da prática. Isso pode ser feito por um instante ou pode ser feito por um longo tempo. Ambos estão corretos.

Depois de permanecer na vacuidade, recordamos então que todas as coisas são vazias (desprovidas de existência inerente), isto não quer dizer que elas sejam nada. Como um sinal, do estado de inseparatividade da vacuidade e sabedoria, e como expressão da vacuidade, a essência da mente[20] surge como sendo o som HUM. Nesse momento, a sílaba HUM é para ser pensada como sendo um som. Isto é, ela não é uma sílaba visível. Você pode pensar nisso como algo parecido com um trovão. Este som preenche todo o espaço, e dele vem um círculo de proteção *vajra* composto por uma cúpula e uma tenda. Desta forma, a mente está criando o círculo de proteção *vajra* – cúpula e tenda – que são, portanto, a aparência da mente e nada mais que a própria mente. Esta parte da prática é feita para relembrar que, embora pensemos na vacuidade como sendo uma negação, como nada, na verdade o que queremos dizer com isso é que a natureza de todas as coisas, sem exceção, é a união de aparência e vacuidade.

---

20 A mente dualista é impura. A mente não-conceitual é pura e não fabricada. Assim, fora do estado inseparável entre vacuidade e sabedoria, a mente não fabricada surge como o som HUM.

A cúpula *vajra* é branca. Ela é feita de *vajras* brancos que se assemelham ao cristal branco. Abaixo está uma superfície *vajra* – indestrutível e impenetrável. É plana, com um enorme *vajra* cruzado deitado no centro. Todos os espaços dentro do duplo *vajra* e entre as quatro partes dele são preenchidos com *vajras* menores e, em seguida, com *vajras* cada

vajra

vez menores, de modo que é completamente sólido e não há qualquer espaço entre eles. Nada poderia entrar ou passar por ele. Isso é o que forma a base.

Elevando-se a partir do perímetro dessa superfície *vajra*, que é circular, há uma parede *vajra* em três etapas. A primeira etapa consiste em muitos *vajras* que estão de pé, formando uma cerca de *vajras*. Acima deles está uma cerca de *vajras* dispostos horizontalmente e, acima destes está um outro nível de *vajras* na vertical. Tal como acontece com a base, todos os orifícios são preenchidos com *vajras* cada vez menores, não deixando espaços. Nem mesmo o mais leve vento pode penetrá-lo. É proteção total.

vajra cruzado

Saindo do topo desta parede, e formando um teto ou domo acima, está outro enorme *vajra* duplo, cujas pontas são envergadas para baixo. Olhando a partir do interior é um pouco côncavo ou abobadado, e do lado de fora é convexo e abobadado. Como antes, todos os espaços dentro e entre as partes são preenchidos com *vajras* menores e *vajras* ainda menores, de modo que não há espaço em nenhum lugar. É impenetrável.

A parte superior interna da cúpula é adornada com um dossel *vajra*, que se pendura abaixo dela, um pouco como um teto rebaixado, na forma de um abrigo esférico no topo de uma tenda. Este dossel também é composto inteiramente de *vajras*. No centro da efetiva cobertura acima do dossel há um *vajra* apontando para cima. Metade desse *vajra* se sobressai acima da cobertura, e a outra metade abaixo da cobertura. Do seu topo vê-se uma chama flamejante.

A cúpula de proteção é visualizada como sendo composta por *vajras* a fim de trazer a lembrança da indestrutibilidade. A forma de um *vajra* representa indestrutibilidade – algo que é tão resistente, tão forte, que não pode ser perturbado. Ele não pode ser cortado, destruído ou movido. É estável, permanente, imensamente resistente e duro. Embora visualizemos os *vajras* como parecendo os cetros que usamos, lembre-se que isto é simbólico. Indestrutibilidade aqui não significa algo físico que é indestrutível. Significa, sim, a indestrutibilidade da natureza primordial, que é tão forte, tão imóvel e, por isso, indestrutível, que nenhuma força na natureza ou qualquer outra poderia perturbá-la, até mesmo no menor grau possível.

A cúpula e a tenda *vajra* são cercadas por um fogo ardente das cinco cores. Se você estivesse olhando para ele pelo lado de fora, você veria um hemisfério de fogo multicolorido. As chamas movendo-se numa direção dos ponteiros do relógio circular. É um ambiente impenetrável, livre de obstáculos. É inconcebível, vasto e espaçoso.

É importante conhecer os detalhes do círculo de proteção, porque a maioria das *sadhanas* de práticas *vajrayana* tem um círculo de proteção *vajra* e todos eles são semelhantes. Se você sabe a visualização para uma *sadhana*, isto irá ajudá-lo a praticar as outras *sadhanas* no futuro.

No centro do círculo de proteção aparece a sílaba DRUM. Esta é a sílaba-semente do Buda Vairocana (*Nampar Nangdze*). Ela se transforma no palácio da divindade, que é feito de algo descrito como "cristal translúcido". Não é realmente feito de cristal, porque está além da materialidade, mas é descrito desta forma para nos ajudar a compreender sua aparência. "Cristal lunar" é uma forma de ocorrência natural de cristal que reflete como a luz da lua. É transparente e duro, um pouco como vidro transparente, mas com uma ligeira brancura ou brilho de luar. Como utilizado aqui, isto é uma metáfora. "Lua" implica que é imaculada, pura, branca e brilhante; "cristal" manifesta a sua clareza, transparência e ausência de defeitos.

O termo "palácio" em tibetano é *shelyekang*. Esta é uma expressão poderosa referindo-se a algo além de nossos conceitos comuns que dispomos para descrever um palácio. Literalmente, a expressão significa "mansão incomensurável, inconcebível ou inestimável". É como um palácio celestial. Não é um palácio material. A mente o gera instantaneamente. Não é construído como uma edificação comum. Em vez disso, em determinado momento, ele aparece espontaneamente[21]. Está além de conceitos de tamanho ou mate-

---

21 Este tipo de prática deve ajudá-lo a desenvolver uma apreciação mais profunda dos ensinamentos budistas e da prática *vajrayana* em particular. A partir do HUM surge um círculo de proteção *vajra* e, do DRUM, um palácio. É como cortar fora uma fixação conceitual. O palácio e círculo de proteção não têm existência material, e essa visão pode ser difícil por causa da nossa fixação habitual. Além disso, se o DRUM realmente existe, como pode tornar-se um palácio?

rialidade substancial. Com exceção da diferença nas cores, é o mesmo que o palácio da prática do Buda da Medicina.

O palácio tem quatro lados e quatro portas que dão para as direções cardinais, cada um com uma grande entrada, e emergindo de cada porta há um pórtico – uma entrada coberta. Ele é quadrado e tem uma grande câmara. Acima das paredes há um espaço, e acima deste há um telhado em forma de pagode (uma torre com múltiplas beiradas) de quatro lados ornamentais com um beiral elaborado que vai ao redor do perímetro do prédio e se estende um pouco para fora, para além dela. O telhado é sustentado por quatro vigas transversais, que repousam nas paredes superiores aos caixilhos de portas, e quatro pilares octogonais, que estão situadas em torno da parte central do piso. Os pilares são feitos de pedras preciosas e são da cor branca. Guirlandas de pedras preciosas e pérolas são amarradas a partir do telhado no espaço acima das paredes, e elas têm em si pequenos sinos pendurados. Todo o palácio é brilhantemente luminoso, tanto dentro como fora.

Os quatro lados do palácio simbolizam as quatro incomensuráveis: amor, compaixão, alegria e equanimidade. As quatro portas de frente para os quatro pontos cardeais significam o cumprimento das quatro atividades iluminadas: pacificação, enriquecimento, magnetização e submissão. O espaço entre o topo das paredes e do telhado simboliza a vacuidade. As guirlandas de pedras preciosas amarradas para baixo do telhado, no espaço vazio, simbolizam que esse vazio não significa que não há nada. Há sabedoria no vazio. Os sinos pendem para simbolizar que, na vacuidade, o Dharma está sendo ensinado sem esforço.

No centro do palácio você visualiza uma letra PAM branca. Esta se torna um lótus branco completamente aberto em seu caule. O caule começa no centro do palácio. O lótus está maduro, fresco e enorme. Diz-se ter mil pétalas, mas não é necessário contá-las. Basta pensar nisso como um florescer pleno, com muitas pétalas. Acima do centro do lótus você visualiza uma sílaba AH branca. Esta sílaba se desfaz em luz e se torna um disco de lua cheia livre de manchas e impurezas. Um disco de lua cheia é um disco imaculado de luz branca – um círculo completo e perfeito de luz branca que fica imediatamente em cima ou acima do centro da flor de lótus.

No topo dessa base, a essência de sua mente aparece como a letra branca TAM, que é a sílaba semente da própria Tara. Você deve se lembrar que antes havíamos dissolvido todos os fenômenos na vacuidade, ou seja, contemplamos a vacuidade de todos os fenômenos. Nesse momento, sem deixar essa percepção, devemos concentrar nossa mente como estando presente no centro da visualização, agora na forma da sílaba semente. Por meio deste processo de visualização, formaremos a base para a visualização de nós mesmos como sendo a efetiva divindade.

A letra TAM é então transformada em uma flor *utpala* branca e, repousando no centro dessa flor, está uma TAM branca. A partir da flor *utpala* e, especialmente a partir da sílaba TAM branca em seu centro, os raios de luz incomensuráveis irradiam para cima e para fora, tornando-se vastas nuvens de excelentes oferendas aos budas e *bodhisattva*s em todas as direções. Feitas essas oferendas, todos os budas e *bodhisattvas* estão satisfeitos em corpo, fala e mente, e acumulamos grande mérito. A luz retorna com suas bênçãos para a sílaba TAM.

84

Em seguida, os raios de luz irradiam para fora e para baixo em direção a todos os seres dos seis reinos, trazendo uma sensação de claridade, como a brilhante luz de uma lâmpada num lugar escuro. A luz purifica seus obscurecimentos, libera-os do sofrimento e os estabelece em um estado de liberação[22]. A luz novamente retorna à sua fonte e dissolve-se de volta em TAM. Nesse instante, a letra TAM e a flor *utpala* transformam-se, ou seja, transformam o praticante, em Tara Branca, repousando na lua acima do centro do lótus. Sua visualização deve ser livre de solidez. É a inseparatividade da vacuidade, clareza e sabedoria.

Ao descrever a aparência de Tara Branca, é importante observar que todos os seus atributos físicos são a expressão dos meios hábeis do método *vajrayana*. Praticar a divindade é um dos métodos mais profundos porque as formas indicam o significado ou a essência. A forma de uma divindade não é apenas uma forma, mas um veículo através do qual o significado é habilmente expresso.

O corpo de Tara é da cor de cristal branco. É imaculada, pura, clara e sem falhas. Ela brilha e irradia luzes das cinco cores, que representam as cinco sabedorias. Isso não significa que a partir de uma parte específica de seu corpo irradie uma cor e de outra parte outra cor. A partir de cada parte de Tara, como se de cada poro de sua pele, surgem inú-

---

22 Fazer oferendas aos budas e *bodhisattvas* e beneficiar os seres sencientes é extremamente importante como base para a visualização de si mesmo como a divindade. É somente por meio da acumulação manifesta de mérito, nesse caso por meio de oferendas aos nobres e como generosidade para os seres sencientes que se pode, eventualmente, realizar o próprio potencial inato e realizar a divindade. O acúmulo de mérito é como um veículo para a realização da divindade. Sem isso é impossível alcançar a plena fruição ou despertar.

A roda que realiza todos os desejos

meros raios de luz branca, amarela, vermelha, azul e verde. É algo parecido com o arco-íris ou o espectro que se produz num cristal quando o sol brilha sobre ele.

Ela é muito bonita e totalmente feminina. Ela não só é perfeita na forma, mas também na expressão graciosa e envolvente da aparência. Há algo sobre ela que é totalmente cativante. Ela parece emanar muito carinho e amor. Seu rosto tem a expressão de grande paz que não é impassível. É uma expressão de tranquilidade absoluta que também é muito gentil – algo como a forma como as pessoas tendem a sorrir para crianças com carinho. Assim, ela combina a tranquilidade com uma disposição amorosa em ambas aparência e expressão.

Tradicionalmente, para nos ajudar a imaginar Tara a partir da nossa própria perspectiva, ensina-se que ela é como uma jovem virgem de dezesseis anos, absolutamente perfeita. Mas a melhor maneira de descrevê-la é dizer que ela está além de qualquer descrição. As palavras não conseguem descrever por meio da mente conceitual a beleza de tal forma. Nós só podemos dizer que qualquer ser que possa ter a sorte de vê-la, não importando a gravidade de seu sofrimento e de seus obstáculos, tal afortunado será liberado apenas ao vê-la. A visão dela é irresistível. O que quer que estivesse acontecendo, já não estaria mais. Seria esquecido, desapareceria. Mesmo que o momento imediatamente anterior tivesse sido de tremenda dor ou sofrimento, apenas com a sua visão esquecer-se-ia de tudo.

Esta descrição da divindade ajuda a compreender sua aparência, mas ao mesmo tempo contribui para livrar-nos das limitações conceituais. Se, pelo contrário, fossemos descrever a forma nos mínimos detalhes, ou se estivéssemos considerando o conceito artístico do que é belo, estaríamos nos enredando nas limitações da mente conceitual. A beleza de Tara transcende isto. Independentemente dos conceitos que alguém tenha, ela é percebida como bela. Se você realmente experimentar Tara, então definitivamente vai se liberar do sofrimento. Tenha em mente, no entanto, que só as pessoas que se tornaram livres de contaminações podem ter tal visão. É somente porque elas purificaram todas as contaminações e acumularam mérito inesgotável que elas têm a maturidade para experimentar essa visão.

Uma coisa ligeiramente incomum sobre a aparência de Tara é que ela possui mais olhos do que a maioria de nós. A maioria de nós tem dois, Tara tem sete. Ela tem os dois usuais e, além disso, tem um terceiro olho na testa, que é vertical. Além destes, ela tem um olho na palma de cada uma das mãos, e um olho no centro da sola de cada pé. Estes são chamados os sete olhos de sabedoria.

A roda que realiza todos os desejos

Eu ouvi uma explicação sobre o significado disso, mas nunca vi descrito nos comentários. Diz-se que estes sete olhos representam o fato de que ela olha com compaixão os seres nas sete dimensões e leva-os para a liberação. Os olhos nas solas dos pés representam o fato de que ela olha com compaixão os seres dos dois reinos inferiores – os reinos do inferno e dos pretas. Com os olhos nas palmas das suas mãos ela olha com compaixão os animais e os asuras. Com os dois olhos habituais ela olha com compaixão os seres humanos e os deuses, e com o terceiro olho, na testa, ela olha com compaixão aos seres que alcançaram a cessação ou nirvana – os *shravakas*, *arhats* e *pratyekabuddhas*, que ainda não atingiram o pleno despertar do estado de Buda.

Em outra parte, foi explicado que os três olhos no rosto representam a inseparatividade dos três *kayas*, que são primordialmente puros e não sujeitos a contaminação. Os quatro olhos sobre as palmas das mãos e as solas dos seus pés simbolizam as quatro incomensuráveis – incomensurável do amor-bondade, incomensurável da compaixão, incomensurável da alegria e incomensurável da equanimidade.

Sua mão direita está no gesto da generosidade suprema, com a face da palma aberta para fora, descansando em cima de seu joelho direito. Este gesto simboliza doação suprema. Ela dá o que os seres precisam e não têm. Ela representa o dom de meios hábeis, o presente da inspiração, o dom das qualidades de realização e o dom das várias atividades nobres, que são expressões da mente completamente desperta, que os seres tanto necessitam e não realizam.

No seu coração, entre o polegar e o dedo anelar da mão esquerda, ela segura a haste de uma flor *utpala* branca, que floresce ao lado de sua orelha esquerda. O fato de ela estar segurando o caule da flor com o polegar e o dedo anelar pressionados juntos representa a inseparatividade dos fenômenos e sua própria natureza. A haste é segurada ao nível do coração para significar que sua mente nunca é separada do *Dharmakaya*, e para indicar a inseparatividade do *Dharmakaya* e os *kayas* da forma[23].

Os três dedos eretos simbolizam as Três Joias – o Buda, o Dharma e a Sangha – que beneficiam os seres da maneira que for necessária. Eles não aparecem apenas como o Buda, o Dharma e a Sangha, mas também em qualquer forma necessária para realizar o benefício dos seres – até mesmo coisas tão comuns como alimentos, água ou insetos. Assim, ela manifesta os três *kayas* para todos os seres em qualquer forma que atenda às suas necessidades.

Não importa a forma em que se manifesta, todavia, ela nunca é suscetível a contaminações do *samsara*. Esta liberdade é simbolizada pela flor *utpala* branca para sempre florescendo em sua orelha esquerda. Mesmo que esta flor cresça da terra, é livre da sujeira da qual vem. Isto simboliza a liberdade dela do *samsara* e das contaminações.

Em verdade, esta flor *utpala* tem três desabrochares. A do centro floresceu totalmente; a de cima não só floresceu, mas parece ter envelhecido; e aquela abaixo é um botão prestes a abrir. Estas três flores significam que não há tempo durante o qual Tara não beneficie os seres. A flor mais velha representa os tempos dos budas do passado, a flor central representa o tempo dos budas do presente, e o botão fechado

---

23 Os *kayas* de forma (*rupakaya*) são o *samboghakaya* e *nirmanakaya*. Eles surgem para o benefício dos seres sencientes e são manifestações da natureza última, ou *Dharmakaya*; são perceptíveis num plano relativo e podem beneficiar os seres sencientes.

representa os tempos dos futuros budas[24]. Situ Rinpoche diz que a flor tem uma centena de pétalas. Isto não é para ser tomado literalmente. É apenas uma metáfora para indicar que ela tem muitas pétalas.

O fato de que todas estas três flores saem de uma mesma haste, e que ela a segura com um gesto particular na altura de seu coração significa que, muito embora pensemos nos budas do passado, presente e futuro como sendo diferentes, ou pelo menos como distintos, em última análise, eles são da mesma natureza em Tara.

Tara é adornada com uma grande quantidade de joias finamente trabalhadas e elegantes de várias formas e materiais preciosos, mas dentre elas predominam as pérolas. Sua coroa é um ornamento de cabeça da família dos budas, que possui cinco diademas separados, elaborados com várias joias. Certamente você já viu isso em imagens de divindades pacíficas. Ela também tem brincos de pedras preciosas. Ela tem três tipos de colares: um curto, um médio e um longo. O curto é uma espécie de gargantilha. O médio se encontra

---

24 Deixe-me esclarecer o que queremos dizer quando falamos que budas beneficiam os seres ao longo dos três tempos. Quando falamos de um tempo quando não há Dharma e não há budas, isso é em referência a um determinado mundo. De acordo com a perspectiva budista existem muitos mundos, e se não houver nenhum Dharma em um mundo, então tecnicamente você poderia dizer que não há lei e não há budas. Além disso, quando há degeneração, por conta da intensidade das contaminações dos seres sencientes, isso significa que a mente dos seres sencientes tornou-se doentia com muitas impurezas e não será capaz de ouvir ensinamentos mesmo se os budas aparecerem para conferi-los. Em ambos os casos, no entanto, os budas ainda podem beneficiar os seres tomando forma física, embora não por meio do ensinamento do Dharma. É desta forma que os budas trabalham para o benefício dos seres durante os três tempos sem parar.

imediatamente acima dos seios. O longo pende até um pouco acima do umbigo. Seus braços são adornados acima dos cotovelos e nos pulsos com pulseiras e braceletes, e as pernas, com tornozeleiras. Ela tem um cinto ornamental cercando sua cintura que é como feito de fios de ouro entrelaçados com um elegante tecido, com pequenos sinos pendurados, em uma formação de fieiras a partir dele. É adornado com pedras preciosas, pedras semi-preciosas e metais preciosos. Ao todo são oito tipos diferentes de joias preciosas.

Normalmente as pessoas usam joias para exibir sua riqueza ou na esperança de melhorar a sua aparência. Mas Tara não tem tais conceitos. A jóia preciosa que ela usa é uma expressão de suas qualidades e atividades iluminadas. As quatro atividades dos seres iluminados são pacificar, enriquecer, magnetizar e subjugar. Geralmente, Tara manifesta-se de forma pacífica e beneficia os seres por meio de várias atividades pacificadoras. Para simbolizar isto, ela usa principalmente pérolas. As outras joias simbolizam as atividades de enriquecimento e de magnetização. Ela também usa guirlandas de flores, especialmente, na tiara na cabeça e no colar mais longo. Estes são como as flores que se encontram apenas nos reinos divinos.

Tara é adornada com cinco peças de vestuário de seda. Nem todas elas são mencionadas no texto, mas você deve saber sobre elas. A primeira peça é como uma faixa que sustenta a coroa. A segunda peça cobre parcialmente seu cabelo e vai para baixo na parte de trás. É uma peça e está vinculada ao nó do cabelo. Em terceiro lugar, seu vestuário superior é uma blusa solta de seda branca, e é muito fina e leve, como a seda dos reinos dos deuses. É uma peça de roupa que não é encontrada no nosso mundo. Em quarto

A roda que realiza todos os desejos

lugar, ela usa uma peça de vestuário inferior de vual de seda de diferentes cores, como um arco-íris, tendo por baixo uma anágua azul, cuja borda inferior é visível abaixo da borda da saia. A quinta peça é um cinto de laço, em cima do qual está o cinto de joias, descrito acima. Ele fica em torno da cintura e é bastante amplo. De lá desce uma ponta longa do laço que segue até seus pés, como uma tapeçaria rendada. Tem franja e fios de contas amarradas como pequenos sinos. O cinto de laço é ornamentado com três joias no ponto de entrelace acima e de onde a faixa começa.

Todas as divindades que aparecem sob a forma *samboghakaya* tem o mesmo número de adornos, e cada uma exibirá, predominantemente, um tipo de adorno que expresse seu principal tipo de atividade. Neste caso, as pérolas brancas expressam a principal atividade de pacificação de Tara. Portanto, com relação ao número de adornos, não existe diferença entre Tara e outras divindades. Ao todo, são sempre treze. É por isso que Tara tem oito tipos de joias preciosas e cinco peças de vestuário. De acordo com o *vajrayana*, são treze os estágios de iluminação, sendo o décimo terceiro, o maior, que representa o estado final do despertar completo.

Há duas explicações de como o cabelo de Tara está preso. Originalmente, ele foi descrito como sendo amarrado na parte de trás de sua cabeça. É assim que ela apareceu nas pinturas tradicionais na Índia. No entanto, quando os ensinamentos vieram para o Tibete, isto mudou em algumas linhagens. É por isso que, às vezes, o cabelo de Tara é descrito e apresentado como sendo amarrado no topo de sua cabeça.

Esta prática é fiel ao original. Portanto, o texto diz literalmente "preso na parte de trás". Metade do seu cabelo é enrolado em um nó atrás de sua cabeça e o restante flui livremente pelas costas, especialmente para ambos os lados. O cabelo enrolado em um coque representa que em seu sentido último, todas as coisas estão entrelaçadas internamente ou compartilham da mesma natureza última do *Dharmakaya*. Este sentido último pode se manifestar de diferentes formas no mundo relativo, mas o significado último é único. Depois que a realização final é atingida, não há cessação – a mente iluminada exibe atividade iluminada ininterrupta. Isso é simbolizado pela outra metade de seu cabelo que vai para baixo, livremente solto. O cabelo caindo livremente à sua direita e à esquerda significa que, sem estar separada dessa natureza ou da realização dessa natureza, ela manifesta *samboghakaya* e *nirmanakaya* para benefício dos seres.

Seu cabelo é de um preto profundamente escuro, muito fino e sedoso. Cada fio é perfeito e desembaraçado. Isto é simbolo de indestrutibilidade. Ao contrário de outras cores, o preto não pode ser alterado pelas demais. Nenhum obstáculo ou intrusão de qualquer espécie pode mudar ou causar degeneração ou danos. Isto simboliza que o sentido último que se realiza não pode ser alterado, destruído ou maculado. O significado simbólico é importante. Digo isto porque nos dias de hoje os talentosos artistas gostam de fazer todo tipo de mudanças e podem fazer Tara com cabelos castanhos em vez de preto. Este é um mal-entendido. Aqui não estamos fazendo referência ao cabelo humano. Há uma razão pela qual o cabelo aparece desta forma particular.

Ela está sentada com as pernas totalmente cruzadas, em perfeita postura *vajra,* no centro de um disco de lua, e tem uma lua cheia como respaldo. Qual é o significado desses símbolos? Quando originalmente descrevemos Tara, dissemos que ela é a essência do *Dharmakaya*, além de qualquer medida, tempo e conceito. Em qualquer forma aparente de Tara, ela é inseparável do *Dharmakaya*. E essa inseparatividade é indestrutível. Isso é simbolizado pela postura *vajra*.

A lua atrás das costas também expressa indestrutibilidade, mas indestrutibilidade em outro sentido. Porque ela é completamente iluminada, ela sempre tem a qualidade de frescor – como a luz da lua emanada. É fresca e pacífica. Assim, suas atividades sempre têm essa qualidade de tranquilidade, mansidão e paciência. Essas qualidades de sua manifestação são indestrutíveis, na medida em que não acontecem apenas algumas vezes, e nem em alguns momentos. Isso acontece o tempo todo – incomensurável e inesgotavelmente.

É bom ter em mente que quando dizemos que ela tem uma lua como respaldo, não significa literalmente um encosto como a parte traseira de uma cadeira. É referido desta forma porque, quando ela é representada, parece que a lua está por trás dela. Mas, na verdade, a Lua é como um halo. Um halo não é uma coisa plana. É quase como um globo de luz brilhante que emana dela. Embora possa parecer que está por trás dela, em certo sentido, é tudo ao seu redor.

Desta forma, você visualiza a aparência completa de si mesmo como sendo Tara, em cada detalhe. Embora Tara apareça, ela é vazia e luminosa, como um arco-íris. Dentro do recinto vazio, oco de seu corpo, no centro de sua fronte, está uma luminosa sílaba OM branca. Na sua garganta está uma sílaba vermelha AH, e um pouco abaixo de seu centro cardíaco está uma sílaba azul HUM. Nos ensinamentos budistas, diz-se que o OM é a essência da forma de todos os seres iluminados. AH é a essência do discurso de todos os seres iluminados. HUM é a essência da mente de todos os

Khenpo Karthar Rinpoche

seres iluminados. No meio de seu corpo, ao nível do seu coração você visualiza um lótus branco e, em cima dele, uma lua, um disco de luz branca. De pé, em cima deles, está uma sílaba branca TAM.

É importante manter sempre em mente que cada aspecto da forma da divindade simboliza um importante significado particular. Cada um introduz o sentido último e expressa aspectos do sentido último. Por isso, a divindade é, em si, o significado. A divindade não é como uma forma composta de órgãos, ossos, carne e assim por diante. Ela não está sujeita à limitação e à destrutividade. É uma forma que transcende tudo isso e comunica significado.

Além disso, não faremos corretamente a prática se nos relacionarmos com a forma da divindade tomando a nossa própria aparência física como ponto de referência. Por exemplo, quando temos um certo sentimento e pensamos que a divindade tenha este mesmo sentimento. Em vez disso, devemos nos relacionar com ela como uma forma além do conceito – como uma personificação da iluminação última. Podemos, então, nós mesmos acessar esse estado. Como surgimos como divindade a partir da vacuidade, esta forma é como um espelho que reflete de maneira brilhante a sabedoria luminosa e as bênçãos da própria divindade.

Desse modo, os ensinamentos *vajrayana* são muito profundos. Em certo sentido, este é o porquê de serem difíceis, porque não estamos trabalhando com o que existe relativamente, mas com o que não existe em um plano relativo. Com isso, a relatividade da nossa situação comum é exagerada ao ponto de que nós realmente começamos a perceber sua natureza relativa. Isto é obtido por meio do autotreina-

A roda que realiza todos os desejos

mento de se relacionar com as coisas de uma maneira diferente do que nossas mentes conceituais estão acostumadas.

No *hinayana, mahayana* e nos *sutras*, por outro lado, usamos o que está disponível da forma que estamos acostumados, em um nível relativo. Para lhe dar um exemplo da diferença entre o *tantra* e o *sutra*, pense em um campo de areia no qual existe uma jóia preciosa. A abordagem *sutra* para encontrar a joia é limpar toda a areia. Depois de se livrar de toda a areia, você terá a joia. Todavia, a abordagem *vajrayana* é deixar o campo de areia como ele é, mas ir encontrar a joia. Você pode obtê-la ou não. Você poderá obtê-la de uma forma mais direta. Mas se você buscá-la com esperanças e expectativas e não conseguir obtê-la, poderá ser uma experiência muito devastadora e frustrante.

Realização da divindade

Uma vez que, até aqui, podemos considerar a visualização de Tara como sendo simplesmente um ato de imaginação, é oportuno convidar a própria divindade Tara, sendo ela mesma a expressão da sabedoria. Para fazer isso, visualizamos luzes nas cores branca, vermelha e azul que emanam das três sílabas e da sílaba TAM, invocando a divindade da sabedoria dos reinos puros, seu lugar natural de residência. Em última análise, você precisaria dizer que, desde que ela é a natureza de todas as coisas, ela não tem lugar especial de residência. No entanto, em termos de como ela é percebida, ela permanece no reino da Potala – o reino puro do *bodhisattva Avalokiteshvara*.

Quando você recitar o mantra BEDZRA SAMADZA e fizer o *mudra* apropriado, a própria Tara aparece acima de você no espaço à frente, cercada por seu séquito. BED-

ZRA SAMADZA significa "Através do poder do seu compromisso para o benefício dos seres, peço-lhe para vir aqui". A sabedoria, como sendo Tara, surge exatamente como a divindade autovisualizada. Você, enquanto divindade visualizada, é o *samayasattva,* ou compromisso da divindade (em tibetano, o *damtsig sempa*). Isto se refere ao seu compromisso de visualizar-se como a divindade. A divindade de sabedoria é a *jnanasattva* (em tibetano, o *yeshe sempa*) (mudra que acompanha BEDZRA SAMADZA).

Do seu coração, na condição de *damtsig sempa*, emanam deusas de oferendas. Enquanto se recita os mantras de oferendas, cada deusa faz sua oferenda particular ao *yeshe sempa* à frente – as oferendas de água potável, águas balneares, flores, incenso, luzes, perfumes, manjares e música. Quando você está fazendo essas oferendas, seu corpo, palavra e mente devem estar plenamente envolvidos. Com a boca, estamos dizendo o mantra para cada oferenda: OM BEDZRA ARGHAM SOHA, e assim por diante. Com as mãos estamos fazendo os *mudras* para cada oferenda. Com sua mente abordaremos seu significado, conforme descrito abaixo.

Em primeiro lugar, a luz branca é emanada a partir da sílaba semente TAM em seu coração, e, desta, uma deusa de oferendas brancas surge. Ela é graciosa, bonita e adornada com belas joias. Ela emana milhares de deusas iguais a si. Todas fazem oferendas de água potável para a divindade de sabedoria Tara e seu séquito à frente, e ela está muito satisfeita. É importante saber o significado dessas oferendas. Embora Tara não tenha necessidade de água e não fosse ficar desapontada se não a oferecermos, fazemos isso porque traz grande benefício para os seres sencientes. Por causa da virtude de ter sinceramente feito essa oferenda, e tendo agra-

A roda que realiza todos os desejos

dado a *yeshe sempa*, o sofrimento da sede de todos os seres se apaga. Em especial, ela sacia a sede dos seres que sofrem de sede do néctar do Dharma. Sua sede é saciada e satisfeita, e eles são liberados. Você faz essa oferenda com a aspiração de que a sede de todos os seres seja completamente satisfeita, tanto no nível relativo como em um nível último. Com o mantra OM BEDZRA ARGHAM SOHA, você mantém suas mãos em um *mudra* como um copo que está sendo oferecido com grande respeito.

Em seguida, a sílaba TAM em seu coração irradia luz vermelha escura da qual emana uma deusa de oferendas vermelha. Desta deusa vermelha também emanam milhares de deusas como ela. Cada uma dessas deusas segura um recipiente feito de pedras preciosas em suas mãos, que é preenchido com água pura limpa e perfumada para lavar. Tradicionalmente, isto é usado para lavar os pés da divindade. Desta forma, você oferece limpeza. Novamente, não é que Tara tenha necessidade de tal oferenda. Em vez disso, nós fazemos essa oferenda tendo em vista o resultado que ela realiza. Através do mérito de ter feito tal oferenda com sinceridade, quaisquer que sejam as manchas indesejáveis e prejudiciais que todos os seres possuam são purificadas. Em especial, purifica as contaminações mentais internas, incluindo os vários tipos de tendências habituais. Você faz a oferenda com a aspiração de que todos os seres tenham essa purificação. Tal como na primeira oferenda, o seu corpo, palavra e mente estão envolvidos. Com seu discurso você está dizendo o segundo mantra, OM BEDZRA PADYAM SOHA. Suas mãos estão no *mudra* adequado, e a oferenda está sendo feita com a mente absorta na visualização, intenção e resultado descrito acima.

Em terceiro lugar, luz branca emana da sílaba TAM em seu coração, da qual uma deusa branca se manifesta. Como antes, da deusa branca emanam milhares de deusas como ela. Elas são muito elegantes e bonitas. Todas fazem oferendas de flores soltas para Tara e seu séquito, adornando o corpo gracioso e brilhante da *yeshe sempa* com flores. As flores são de vários tamanhos e têm as mais requintadas cores, formas e fragrâncias. O palácio celestial também é preenchido com muitas belas flores. Muitas dessas flores surgem por si mesmas, tornando-se uma oferenda contínua e incomensurável. Como antes, a oferenda não é feita porque Tara tem apego a belas flores. Em vez disso, o mérito resultará numa oferenda em um nível relativo da obtenção pelos seres de uma bela forma ou aspecto exterior. O benefício final é que todos os seres se tornarão adornados com as maiores e menores marcas físicas e sinais de iluminação, assim como fez o Buda. Você faz a oferenda com a aspiração que todos os seres atinjam a iluminação e adquiram tais atributos físicos. Mais uma vez, como acontece com as duas primeiras oferendas, o mantra, o *mudra* e a visualização devem ser feitos todos juntos. O mantra é OM BEDZRA PUKPE AH HUM. O *mudra*, neste caso, é o gesto de atirar flores.

A próxima oferenda é de todas as coisas preciosas que têm uma fragrância edificante e calmante. Em tibetano, a palavra *tokssei* descreve uma mistura de todos esses ingredientes. Como incenso, é uma combinação de todas as melhores fragrâncias misturadas. Mais uma vez, a partir da sílaba TAM em seu coração emana uma luz azul escura, a partir da qual surge uma deusa azul. Como antes, ela emana muitas deusas iguais a si, e elas oferecem incenso à *yeshe sempa* e seu séquito no céu à frente. Através do mérito de fazer essa oferenda, qualquer que seja o mau odor que exista no mundo dos seres será completamente eliminado. Referindo-se ao mau cheiro que emitem os seres sencientes, os odores repulsivos em reinos inferiores de existência e assim por diante. Como resultado, o ambiente de todos os seres é preenchido com o ar mais refrescante e puro. Mais uma vez, mantra, visualização e *mudra* devem ir juntos. O mantra é OM BEDZRA DHUPE AH HUM. O *mudra* representa o gesto de segurar incenso.

Em quinto lugar, a partir da sílaba TAM em seu coração, uma luz vermelha luz é emanada. Uma deusa de oferendas de luz vermelha surge e emana milhares de outras deusas iguais a si. Todas essas deusas fazem oferendas de lâmpadas para a *yeshe sempa* e seu séquito à frente. Estas lamparinas estão irradiando uma luz purificadora. Esta luz é a personificação de toda luz e todas as fontes de luz que trazem iluminação para o mundo. Relativamente, através do mérito desta oferenda, o sofrimento de qualquer forma de escuridão que os seres experimentam é eliminada, tal como em reinos onde a luz não penetra. Por exemplo, nos reinos de existência inferior, muitos seres são privados de tudo que fornece luz, e sofrem de escuridão total. Ela traz luz para que eles possam ver. Ela também traz luz para aqueles que vivenciam a escuridão por causa da cegueira. Em última análise, pelo mérito desta oferenda, as trevas da ignorância de todos os seres, sem exceção, são eliminadas. A verdadeira lamparina de sabedoria é inflamada nas mentes de todos os seres. Essa lamparina de sabedoria é fruto da liberdade das trevas da ignorância. Com o mantra OM BEZRA ALOKE AH HUM, o *mudra* representa o recipiente da lamparina com a chama de fora. Os polegares representam as línguas de fogo.

Em sexto lugar, a partir da sílaba TAM em seu coração, raios de luz verdes são emanados, a partir do qual uma deusa de oferendas surge que, por sua vez, emana milhares de outras dividandes belas e graciosas iguais a si. Todas elas têm água perfumada em suas mãos. Esta é a essência de tudo o que produz o melhor perfume. Com ambas as mãos, cada deusa oferece água perfumada para os corpos da *yeshe sempa* e seu séquito. Com uma atitude sincera, você deve aspirar que o fruto do mérito desta oferenda seja para remover as manchas, aqui identificadas com odores, causadas por conduta imoral, por quebra de votos de conduta moral e pela falta de disciplina moral. Pense que as manchas, bem como os danos que elas produzem, são removidas. Recitando o mantra OM BEDZRA GENDHE AH HUM, e por meio do *mudra*, é como se tivéssemos o perfume ao nosso alcance e o aplicássemos. Mais uma vez, os três caminham juntos, o mantra, o *mudra*, e a visualização.

É necessário esclarecer que a oferenda de incenso é para o benefício relativo. Através do mérito de oferecer incenso, odores desagradáveis, como aqueles emitidos por seres sencientes e os presentes nos estados inferiores de existência, são removidos. A oferenda de água perfumada, por outro lado, é de benefício final. Através do mérito desta oferenda, os seres tornam-se livres das manchas de terem quebrado a disciplina moral. Neste caso, só há benefício último.

Em sétimo lugar, a partir da sílaba TAM em seu coração, irradia uma luz amarela, e, a partir desta, uma deusa de oferendas amarela surge emanando milhares de belas deusas iguais a si. Todas elas fazem oferendas de comida para a *yeshe sempa* e seu séquito em belos vasos feitos de pedras preciosas de todos os tipos. Esta é a essência do mais precioso dos alimentos nos reinos dos deuses e seres humanos, a partir do ponto de vista da higiene, valor nutritivo e cura. O resultado desta oferenda é que todos os seres obtenham a liberação da fome e privação, particularmente os seres nos reinos inferiores. Por isso, em um nível relativo, libera todos os seres da fome imediata e elimina suas causas. Em última análise, aspiramos que todos os seres sencientes, sem exceção, nunca mais tenham de depender de fontes relativas de existência. Esta é a aspiração de que eles realizem e experienciem a perfeita iluminação e, portanto, tornem-se capazes de viver do alimento incomensurável do *samadhi*, o alimento da realização meditativa. O mantra é OM BEDRA NIUIDYE AH HUM, e o *mudra* é um gesto de segurar respeitosamente a comida.

Por fim, a partir da sílaba TAM em seu coração, uma luz azul-acinzentada irradia, da qual surge uma deusa de oferendas de cor azul-acinzentada. Ela é graciosa e bela, e emana deusas de oferendas iguais a si. Todas elas fazem a oferenda de som. Esta é o melhor de todas as músicas que se pode produzir. Através da virtude e da bondade desta oferenda, todos os sons que trazem prejuízos são eliminados. Palavras que trazem medo, como "matar", "machucar" ou "cortar" são eliminadas. Nos reinos dos infernos o sofrimento é tão extremo que qualquer sofrimento que vivenciamos não se compara a nada que possamos conceber. Mesmo apenas os sons que lá são ouvidos causam sofrimento intenso. Esse e todos os sons em todos os lugares que causam sofrimento ou medo de qualquer tipo – seja produzido pela natureza ou por pessoas intencionalmente ou não – são purificados e completamente removidos.

Khenpo Karthar Rinpoche

Em seu lugar, o mundo, o universo, as mentes e os ambientes de todos os seres estão cheios de sons saudáveis. Todos os sons são reconfortantes e belos de se ouvir. Eles são os sons da verdade, os sons da bondade, os sons que promovem o bem-estar e a harmonia. Eles preenchem todo o espaço. Em última análise, todo som é o som do Dharma. Isto não se limita apenas ao veículo de expressão e a voz de um amigo espiritual que ensina o Dharma. Quaisquer que sejam os sons, eles nada mais são do que os sons do Dharma. O Dharma é automanifesto, seja através do canto dos pássaros, do barulho das folhas, do vento ou de qualquer outra coisa. Aqueles que estão familiarizados com a prática de Amitabha sabem que ela ocorre em um campo búdico puro. Assim como acontece na Terra Pura de Amitabha, quaisquer sons que ocorrem são apenas os sons do Dharma. O ponto essencial é transformar sua mente para ouvir o som do Dharma. Para esta oferenda, o mantra é OM BEDZRA SHABDA AH HUM. O *mudra* correspondente é como o bater num tambor. Isto representa todos os instrumentos que produzem som. A razão para usar este *mudra* particular é que as práticas rituais budistas são precedidas por um tambor. O tambor inicia e os outros instrumentos o seguem.

No final dessa fase de oferendas, imagina-se que todas as deusas de oferendas se dissolvem no seu coração. Então, pela virtude e auspiciosidade de ter realizado essas oito oferendas ao *yeshe sempa*, a divindade de sabedoria dissolve-se em luz, que se funde em nós. Dessa forma, a divindade de sabedoria e a autovisualização da divindade tornam-se inseparáveis. Essa inseparatividade é expressa pelo mantra DZAN HUM BAM HO. Isso é acompanhado pelo *mudra* –

A roda que realiza todos os desejos

com gestos indicando que, de frente e de trás, acima e abaixo vocês se tornaram indissociados.

O que se segue em tibetano é NYI SU ME PAR GYUR e um *mudra* significando que a *yeshe sempa* e *damtsig sempa* tornaram-se um. É como a água dissolvendo-se em água. São a mesma substância e não podem ser separadas. Embora não possam ser separadas, o seu volume tornou-se maior. Assim sendo, tornamo-nos mais radiantes do que nunca. É como acender uma lâmpada, isso traz mais luz. Pense que, até a iluminação a divindade da sabedoria nunca vai nos deixar.

Tendo dissolvido a divindade da sabedoria em si mesmo como Tara, pensamos: "Eu agora realmente tornei--me Tara. Eu possuo todas as qualidades de Tara". Mesmo que a percepção física de nosso próprio corpo de carne e sangue não tenha desaparecido, devemos deixar de considerá-lo e passar a se identificar com a imagem de Tara visualizada. Considerar a si mesmo como possuindo todos os atributos e características da divindade. Nós nos parecemos com ela, possuimos sua mente, ornamentos, vestuário e assim por diante. Nós realmente somos Tara.

Iniciação e completa realização

A próxima parte da prática é a autoiniciação como sendo a divindade. Isso começa com a luz que irradia da sílaba TAM, no centro de seu coração, mais uma vez. Desta vez, a luz vai em direções específicas. Uma parte dos raios de luz passa para a frente, que é considerado como o leste. Não importa se você está fisicamente em frente ao leste ou não – devemos considerar a frente como sendo leste. Outra parte vai para a sua direita, outra para trás de você, outra para a sua esquerda, e outra vai para cima de você. Por meio

Khenpo Karthar Rinpoche

disso você convida os budas das cinco famílias juntamente com seus acompanhantes desses quatro quadrantes e região superior do universo. Como os raios de luz atingem estes budas das cinco famílias em seus locais de residência, você pensa que os próprios raios de luz se tornam substâncias de oferendas que agradam e respeitosamente convidam esses budas para vir e conferir a iniciação.

Aceitando o convite, os cinco budas aparecem acima, no espaço em frente, cada um acompanhado por um grande séquito. Os principais no séquito são os *bodhisattvas* masculinos e femininos, *dakas* e *dakinis*, e as divindades iradas masculinas e femininas. Os budas são: pai buda Vairocana (Nampar Nangdze) e mãe buda Dhatvishvari (Yangkyi Wangchungma); pai buda Akshobhya (Mikydpa) e mãe buda Mamaki; pai buda Ratnasambhava (Rinchen Jungden) e mãe buda Buddhalochana (Scmgyechenma); pai buda Amitabha (Nangwa Thaye) e mãe buda Pandaravasini (Gokarma) e pai buda Amoghasiddhi (Donyo Drubpa) e mãe buda Samayatara (Damtsig Drolma). Eles são o que é chamado *yab-yum*[25]. *Yab* é honorífico de "pai". *Yum* é honorífico de "mãe". Os budas são organizados da seguinte forma: no centro está Vairocana; na frente, no leste, é Akshobya; ao sul, é Ratnasambhava; atrás, no oeste, é Amitabha e, no norte, é Amoghasiddhi.

Então, da mesma forma como fizemos oferendas de água potável, águas para banho, flores, incenso, luz, perfumes, manjares e música ao *yeshe sempa*, agora faremos oferendas aos cinco budas e seus séquitos. O mantra para isso

---

25 Os budas Vairocana, Akshobhya, Ratnasambhava, Amitabha, e Amoghasiddhi e suas consortes são branca, azul, amarela, vermelha e verde, respectivamente. [Ed.]

é OM PENTSAKULA (referindo-se aos cinco) SAPARIUA-RA (referindo-se à assembléia) e, em seguida, cada oferenda. Para cada um dos oito tipos de oferendas, há tantas deusas como existem divindades e séquitos, e cada divindade recebe oferendas.

Então, você solicita a iniciação aos senhores das cinco famílias de Buda com o mantra SARUA TATHAGATA ABIKENTSA TU MUM, que significa "Que todos os *Tathagatas* concedam-me a iniciação!" Feita esta súplica, você deve ter uma sensação de que seu pedido está a sendo reconhecido e que os budas irão iniciá-lo. Então, você considera que as divindades conferem a iniciação da seguinte maneira.

Em primeiro lugar, em resposta ao seu pedido, os cinco budas entram em um estado de meditação, e, nesse estado, concedem-lhe a iniciação real ou final. As palavras reais de iniciação que você diz quando recita a liturgia e que você imagina estarem sendo ditas pelos cinco budas masculinos para iniciá-lo são: "Assim como na época do nascimento [de Buda] ele recebeu ablução dos devas, da mesma forma concedo [a ti] um banho de águas celestiais puras".

Isso se refere a um evento milagroso que ocorreu imediatamente após o Buda ter nascido. Quando ele saiu do lado de sua mãe, o seu esplendor e majestade eram tão grandes que nenhum ser humano se atreveu a tocá-lo. Deuses e deusas apareceram espontaneamente e ofereceram limpeza com banhos de águas celestes para o Buda, secaram seu corpo com sedas celestiais e ofereceram-lhe louvações. Sempre que a iniciação é realizada, este evento é aludido. O que as divindades de iniciação estão dizendo é que, assim como o Buda ao nascer, foi lavado dessa forma, então nós lavaremos a ti com a água de iniciação.

As cinco budas femininas, carregando vasos preciosos cheios de néctar de sabedoria, fisicamente nos iniciam despejando o néctar em nós através da abertura no topo de nossa cabeça. Enquanto as budas mãe fazem isso, os *bodhisattvas* masculinos e femininos expressam a prosperidade da iniciação, lançando chuvas de flores em cima de você, dançando e cantando louvores. As divindades iradas masculinas e femininas guardam o perímetro, garantindo que não haja obstáculos que surjam para interferir com o processo de iniciação.

Enquanto as cinco budas mãe estão despejando o néctar dos cinco vasos no topo de nossa cabeça, devemos visualizar que nosso corpo está cheio de néctar puro. Finalmente ele preenche todo o seu corpo, purificando todas as obscuridades. As budas mãe continuam a vertê-lo, e o excesso transborda na coroa de sua cabeça e é transformado no buda Amitabha, que se torna o ornamento da coroa. Embora a iniciação seja agraciada por todas as cinco famílias de budas, somos coroados com Amitabha, que é o senhor da família a qual pertence Tara. De um modo geral, no entanto, ele engloba todas as cinco famílias.

Uma vez concluída a iniciação, os coléricos masculinos e femininos se dissolvem nos *bodhisattvas* masculinos e femininos. Estes, por sua vez, dissolvem-se em luz e se fundem com as budas mãe. Depois, as cinco budas mãe dissolvem-se em luz e fundem-se aos cinco budas masculinos. Em seguida, destes cinco Budas, quatro se dissolvem no buda Amitabha, que se dissolve no Buddha Amitabha acima de nossa cabeça.

O que é de importância capital ao longo do processo de iniciação é desvestir-se da identificação de si mesmo com sua percepção ordinária do corpo físico grosseiro de carne imperfeita e sangue, e da identificação de sua mente com o que normalmente experimentamos como sendo mental. Na fase de desenvolvimento você está tentando abrir mão dessas fixações e substituí-las pela identificação com a divindade.

À medida que avança nesta prática, você será capaz de apreciar sua profundidade cada vez mais. Você será capaz de ver e experimentar seus meios hábeis. Assim, tendo iniciado a prática como *damtsig sempa* e, posteriormente, invocando e se tornando indiferenciado de *yeshe sempa*, você finalmente se funde com a assembléia de budas e *bodhisattvas*. Dessa forma, você se torna a personificação de todos eles.

Neste momento é oportuno pensar: "Eu realmente sou Tara". Este é um estado para além de tudo do *samsara* e *nirvana*. Não há nada além disso. Consequentemente, não há nada fora de si mesmo para que você possa fazer oferendas. Portanto, para reconhecer o fato de que você realmente é a divindade, você faz oferendas à Tara – que você mesmo se tornou –, que é a essência de todos os budas. Essa é a parte final da fase de desenvolvimento da prática.

Como antes, você emana da sílaba semente em seu coração deusas de oferendas que detêm as mesmas oito substâncias que foram oferecidas anteriormente à *yeshe sempa,* e imagina que elas se apresentam a você como Tara. O mantra de oferenda que elas recitam é OM ARYA TARA SAPARIUARA. Como já vimos, o mantra de oferenda anterior, SAPARIUARA, refere-se à assembléia. As cinco mães e pais dos cinco budas e seus séquitos tornaram-se inseparáveis de você, coroado por Amitabha, que incorpora todos eles. Assim, na forma você é Tara, mas em essência você é todos eles. O mantra de oferenda exprime isto.

Khenpo Karthar Rinpoche

Em seguida, todas as oito principais deusas de oferendas ficam reunidas e elas oferecem louvores a nós em belas vozes melodiosas, da forma como entoamos os louvores na liturgia. Como se vê no texto, eles cantam "com coroas na cabeça, deuses e *asuras* (semideuses) curvando-se aos pés de lótus" de Tara. Deuses e a*suras* são mencionados porque normalmente os seres olham para os deuses como sendo o que há de mais alto – como salvadores e protetores. Como símbolo de seu alto nascimento e poder, eles ainda têm coroas de joias. Portanto, mesmo os seres que são considerados como sendo supremos neste universo oferecem seu respeito para com Tara, com a melhor parte de seu corpo: suas coroas. Com essa parte mais alta que tocam os pés – a parte mais baixa – de Tara, reconhecendo suas qualidades iluminadas. Se os deuses olham para Tara desta forma, não há necessidade de dizer como o resto dos seres devem olhar para ela. Dessa forma, todos os seres sencientes estão implícitos. Esta expressão significa que Tara é incomparável. Nenhum ser senciente em qualquer esfera pode se comparar a ela.

A razão pela qual a ela é oferecido este respeito último está expressa pela linha seguinte do texto, que diz: "Nos prostramos e fazemos louvações à mãe liberadora que retira os seres de todo infortúnio". O termo *pongpa* aqui é muitas vezes entendido como "empobrecimento" ou "perda", mas ele significa mais do que isso. Refere-se à experiência de "depravação" ou "infortúnio" que, num sentido amplo, inclui basicamente tudo aquilo que seja material ou espiritual. Para aqueles que foram até eles em busca de proteção, os deuses podem ser capazes de trazer algum benefício, mas trata-se apenas de um benefício temporário. Uma vez que os próprios deuses não são livres, eles não podem ajudar

A roda que realiza todos os desejos

ninguém a alcançar a completa liberação. Em contrapartida, Tara pode libertar-nos de todo e qualquer infortúnio e privação e conduzir-nos a um estado de perfeita iluminação. Portanto, todos prestam homenagem e louvam Tara, a mãe de todos os budas.

Após ter completado as oferendas e louvores, as deusas de oferendas dissolvem-se em nosso coração. Dessa forma, a sua unificação com a divindade é completa, como foi reconhecido pelas deusas de oferendas. Isto conclui a fase de desenvolvimento (*kyerim*) da prática.

AS TRÊS CARACTERÍSTICAS DA BOA PRÁTICA DE *KYERIM*

Perseverança é essencial durante a prática de *kyerim*. *Kyerim* também deve ter três características importantes. A primeira é sal ou *sel* (que pode ser pronunciada de ambas as formas), que significa "claridade". A segunda é *dak*, que significa "pureza". A terceira é *ten* ou "estabilidade". Devemos fazer o compromisso de cumprir essas três características, porque só por meio do cumprimento destes elementos poderemos fazer corretamente a prática.

A primeira, *sal*, significa trazer tanta claridade, nitidez e brilho, quanto você puder para a visualização. Sua visualização deve ser como o reflexo em um espelho limpo: completa, clara e vívida, assim como de fato é; ou como uma boa pintura, para que a pintura se pareça com o objeto real.

A segunda palavra é *dak*, ou pureza, que se refere à visão pura. Isto significa que, ao fazer a visualização, você reconhece que a divindade visualizada não é uma entidade substancial. É apenas a aparência da divindade, como um arco-íris. Não tem existência substancial como tal, em lugar

Khenpo Karthar Rinpoche

algum. Se cairmos na fixação conceitual sobre uma forma, som, gosto ou sentimento, isso pode distorcer a visualização. Isso leva a conceitos tais como, "esta forma é ruim", "essa forma é boa" e assim por diante. Se tais conceitos surgirem, você deve reconhecê-los como sendo vazios e insubstanciais – em essência nada mais do que a manifestação da sabedoria da divindade.

A terceira palavra é a estabilidade, ou *ten*, que significa a confiança estável ou orgulho estável de reconhecer que você é de fato a divindade. Estabilidade não significa meramente pensar: "Eu estou me visualizando como Tara" ou "Eu estou me imaginando ser Tara", mas, em vez disso, pensar "Na verdade, eu, de fato, sou Tara. Eu realmente possuo todos os atributos e características de Tara". Conceitos de negação comuns como "Eu não mereço ser Tara" ou "Eu tenho tantas deficiências. Como posso ser Tara?" ou "Eu sou apenas um novato" e assim por diante, ficam ausentes. É crucial a abandonar esses tipos de conceitos ordinários.

Estas são as três características de boas práticas *kyerim*. Todas as três são igualmente importantes, mas a atenção especial deve ser dada aos aspectos de pureza e estabilidade, que são absolutamente essenciais no trabalho com a prática.

Pergunta: Inicialmente, quando se dissolve tudo no vazio, devemos pensar em tudo como um buraco negro?

Rinpoche: Um buraco negro não seria vacuidade. Seria algo, porque o preto é alguma coisa. É uma característica. A vacuidade é a natureza de todas as coisas, independentemente de suas características. Portanto, em vez de tentar imaginar a vacuidade, o que você faz é simplesmente abrir mão de conceitos sobre as características dos fenômenos, imagina que o círculo de proteção, palácio, lótus, lua e

A roda que realiza todos os desejos

todos os outros aspectos da visualização, emergem ou são, em si, a expressão dessa natureza que está além da fixação nas características.

Vou fazer uma analogia grosseira para esse caso. Com o seu olho, olhe para o seu olho e me diga o que é. Você tem que fazer o seu olho olhar diretamente para o seu olho. Não há nada que você possa dizer em resposta a isso. Está além da expressão e além de qualquer tipo de resposta. Em seguida, olhe para as coisas com os olhos e, claro, você pode ver as coisas. As coisas aparecem. É como a aparência das coisas na própria natureza da vacuidade. Isto é apenas uma analogia. Não é o mesmo que a vacuidade.

Pergunta: Quando nós nos visualizamos como Tara, nós também visualizamos Tara fora de nós?

Rinpoche: Com o entendimento de que a letra TAM é a essência de sua própria mente, dizer que TAM se torna Tara é dizer que você se torna Tara. Ao contrário de outras práticas onde há tanto visualização frontal quanto autovisualização, nesta há apenas você mesmo visualizado como Tara.

A Prática principal: Recitação do mantra (*Ngagrim*)

Voltemo-nos para a segunda parte da prática, que é a recitação do mantra. Através da recitação do mantra, você gradualmente se prepara para receber as bênçãos e o poder do mantra. Para esta segunda fase da prática, existem algumas visualizações adicionais; a primeira delas é uma visualização mais elaborada no seu coração.

Ao se esforçar o máximo possível para realizar as três características de claridade, pureza e estabilidade, visualize no centro do seu coração uma flor de lótus de muitas pétalas, como você fez antes. Nela há um disco de lua sobre o qual existe uma roda branca com oito raios. Esta roda branca de oito raios parece muito com o manche de um navio, exceto que ela termina com o aro. Ela não tem os botões que passam para fora da borda da roda como a de um navio. A roda está deitada em cima da lua. É luminosa e insubstancial como um arco-íris.

No centro do eixo da roda está uma sílaba TAM branca, levemente apoiada. Acima da sílaba TAM está a sílaba OM, e abaixo de TAM e do eixo está a sílaba HA. Há espaço entre o eixo da roda e o disco de lua para que o HA não esteja em contato com qualquer um deles.

O mantra de longa vida está organizado em torno da sílaba TAM na borda do eixo no sentido horário (voltado para dentro), de pé, como pinos em uma almofada de alfinetes: OM MAMA AYU PUNYE JNANA PUKTRIM KURU HA. Para a maioria das divindades do *tantra* mãe, a guirlanda do mantra é no sentido horário e, se ele gira, gira na direção oposta de OM, ou em sentido anti-horário. Da mesma

A roda que realiza todos os desejos

forma, na maioria das divindades do *tantra* pai, as guirlandas de mantra estão no sentido anti-horário que, voltadas para fora, giram no sentido horário, se houver movimento.

A sílaba MAMA significa "eu" e permanece na guirlanda do mantra quando você faz a prática diariamente ou para sua própria longevidade. Se você está fazendo isto para prolongar a vida de seu guru, no entanto, ao invés de visualizar e dizer MAMA, você pode substituí-lo pela palavra GURU. Da mesma forma, quando você está fazendo a prática para a longevidade de outra pessoa, então você pode substituí-la pelo nome dessa pessoa. Se você estiver desconfortável com a mudança do mantra, no entanto, não há problema em deixá-la simplesmente como é. Será eficaz de qualquer forma. O significado do mantra é o seguinte: AYU significa "vida". PUNY significa "mérito". JNANA significa "sabedoria". PUKTRIM KURU significa "aumento". Seu significado é muito simples.

OM MAMA AYU PUNYE JNANA PUKTRIM KURU

Embora a roda do mantra tenha OM MAMA AYU PUNYE JNANA PUKTRIM KURU HA, você deve recitar OM TARE TUTTARE TURE MAMA AYU PUNYE JNANA PUKTRIM KURU SOHA durante a recitação especial de longa vida contida na prática. É necessário dizer SO ao recitar este mantra, mas de acordo com a mandala da prática de Tara, o SO não aparece no círculo do mantra de longa vida no coração.

Cada raio da roda parece um pouco com um *dorje*, começando a afinar ao chegar no eixo, ficando cada vez maior no meio, e, em seguida, afinando novamente até o aro. Sobre a "barriga" de cada raio, ou seja, em seu ponto mais largo, está uma sílaba do mantra raiz, TA RE TUT TA RE TU RE SO, cada uma em pé como um pino em uma almofada de alfinetes e voltada para dentro.

TA RE TUT TA RE TU RE SO

Todas essas sílabas, a TAM no centro e os dois círculos de mantras, permanecem imóveis. Eles são todos brilhantemente brancos, reluzindo como pérolas, e irradiam uma grande quantidade de luz.

Recitação do Mantra Raiz

Há dois aspectos para a repetição do mantra: o aspecto verbal e o aspecto mental. Durante a repetição verbal devemos evitar a pronúncia incorreta e não clara. Além disso, não deve ser repetido de forma muito rápida nem muito lenta. Você deve ser capaz de ouvir o som que você recita, mas evite repeti-lo muito alto, como se estivesse gritando, ou muito baixinho, como se praticamente não estivesse recitando.

O que você faz com a sua mente é o seguinte: a recitação do mantra ativa as sílabas na roda do mantra. Através da atividade de seu discurso, quando você recita o mantra raiz curto de Tara, OM TARE TUTTARE TURE SOHA, todas as sílabas na roda do mantra tornam-se cada vez mais radiantes, reluzindo de forma cada vez mais brilhante. Em seguida, a luz se irradia para fora, principalmente de TAM, mas também das demais letras do mantra que a rodeiam, e faz oferendas incomensuráveis para todos os budas e *bodhisattvas* das dez direções e dos três tempos. Tendo feito oferendas, a luz retorna com suas bênçãos, e as sílabas se tornam ainda mais brilhantes do que antes.

Novamente a luz se irradia para fora, beneficiando todos os seres em todos os domínios de inúmeras formas.

Principalmente, sua força vital e seu tempo de vida são aumentados, mas o benefício não se limita a isto. Cada ser recebe em abundância tudo o que necessita e cada um é enriquecido com conhecimento e sabedoria. O benefício é incomensurável e inconcebível.

Quando a luz retorna, como fruto do excelente mérito acumulado por ter feito essas oferendas e benefícios aos seres, traz consigo as bênçãos de todos os Budas e *bodhisattvas*, os *siddhis* relativos e finais destes seres, e a essência vital pura do mundo e dos seres de ambos, *samsara* e nirvana. Você recebe a quintessência relativa e última da vida e a vitalidade de todo o universo, e dos seres nele contidos, coletadas na forma de luz.

O escopo disto é vasto, incluindo tudo o que é parte da existência cíclica e componente de todos os seres, tudo o que existe no mundo inanimado, e também tudo o que está além da existência cíclica, como a quintessência da vitalidade dos Budas, *bodhisattvas, arhats* e assim por diante. Tudo isso se dissolve na sílaba semente TAM em seu coração. Enquanto faz isso, a sílaba semente e os círculos de mantras, que estavam muito brilhantes antes, tornam-se ainda mais brilhantes, ainda mais lustrosos, ainda mais radiantes. Você realiza o *siddhi* da imortalidade.

É importante compreender que você não está "roubando" nada aqui. Você não está tirando a quintessência da vitalidade dos outros e deixando-os fracos. Na verdade, o que está acontecendo é que os raios de luz emanados aumentam a vitalidade de outros seres, tanto que agora eles têm mais do que precisam. O mundo inteiro tornou-se cheio de vitalidade, repleto de vitalidade e, há tanta vitalidade, que parte retorna na forma de raios de luz para você. Desse modo, longe de roubar, você está realmente aumentando a vitalidade e a vida dos outros. Meditando sobre isto, você repete o mantra.

Enquanto repete o mantra continuamente, sua mente trabalha na visualização maior, que com o tempo se tornará cada vez mais clara. Para os iniciantes, é difícil no início fazer uma visualização clara enquanto recita-se a liturgia, por isso, durante o mantra, é importante trabalhar na visualização *kyerim*. Você pode começar com a visualização da tenda de proteção *vajra* da sílaba semente e, em seguida, com as visualizações progressivas que conduzem ao aparecimento da divindade, fixando-se em cada detalhe, até que se torne muito clara.

Mais tarde, quando sua mente estiver mais estável, você será capaz de fazer as visualizações *kyerim* enquanto as recita na liturgia. Em seguida, você será capaz de passar o tempo durante o mantra refinando a autovisualização e o palácio, repassando repetidas vezes para torná-lo mais claro e vívido, desenvolvendo um forte senso de que você é divindade.

Numa prática como esta, a intenção não é permanecer por muito tempo em um aspecto específico, pois isso seria muito difícil. Portanto, mesmo que a liturgia descreva a emanação e retorno de raios de luz durante o mantra, na prática, este é apenas um aspecto da sua visualização. A melhor abordagem é se deslocar de um aspecto da visualização para outro. Por exemplo, inicialmente, durante o mantra, você deve rever a visualização básica de si mesmo como Tara, de seu ambiente e assim por diante, de modo que você tenha um forte senso de contexto. Em seguida, descanse sua mente de forma concentrada, o máximo possível, na visualização da roda, da sílaba semente e dos mantras no coração.

Em algum momento você vai sentir que isso se torna banal e sua mente fica inquieta. Então, você deve aplicar a emanação e o retorno de raios de luz, tal como descrito na liturgia.

Quando sua mente ficar cansada disso, você pode simplesmente fixá-la sobre o som do mantra que você continua a repetir, ou pode direcionar a atenção para vários aspectos da visualização da forma da divindade. Desse modo, sua autovisualização se torna cada vez mais clara, como se você focasse em um ornamento especial, uma característica particular e assim por diante, gerando clareza durante essa parte da visualização e, em seguida, passa-se para outro detalhe. De vez em quando retorne novamente à radiação e coleta de raios de luz. Dessa forma, não tente forçar sua mente para ficar parada por muito tempo em nenhum aspecto, mova-se suavemente de um aspecto para outro da prática.

Se, por um lado, os ensinamentos *vajrayana* parecem muito complexos e difíceis de se entender, por outro, em virtude dos meios hábeis, são simples e muito profundos. Além disso, se você souber uma prática de *sadhana* muito bem, ela ajuda a entender as outras, pois há semelhanças entre os significados dos vários elementos. Como disse o grande mestre Karma Chagme Rinpoche, é como cortar uma árvore de bambu. Quando você corta um, você sabe onde fica o nó, que é o melhor lugar para cortá-la e descobre também que seu interior é oco. Depois, você vai entender as características das árvores de bambu e saber que todas as outras árvores de bambu também são ocas.

Os compromissos e benefícios da prática

Para completar a recitação do mantra, fazemos um milhão de recitações do mantra raiz. Normalmente 100.000

repetições são feitas para cada sílaba de um mantra. O mantra-raiz de Tara tem dez sílabas e, portanto, essa é a razão para o número de um milhão fixado. Um milhão é o pré-requisito mínimo que nos permite começar a usar a prática para beneficiar os outros. Quando falamos sobre a conclusão da recitação do mantra (este um milhão ou mais tarde quando falarmos em dez milhões), estamos falando de fazê-lo em um período de tempo, como em retiro. Isso é conhecido no jargão tibetano como "numa sentada". Isto não significa a recitação de 10.000 mantras aqui, 20.000 ali, ao longo dos anos, mas numa situação de retiro ou em um período de tempo fixado.

Quando praticantes verdadeiros realizam corretamente a recitação de dez milhões de vezes do mantra, tornam-se capazes de realizar todas as quatro atividades para beneficiar os seres (pacificar, enriquecer, magnetizar e subjugar). Eles se tornam um *dorje lobpon*, ou mestre *vajra*. O mestre *vajra* é alguém que pode manifestar as quatro atividades corretamente, e por meio disso, trazer grande benefício para os outros. Um praticante genuíno é alguém que presta atenção sincera à prática e tem devoção pura. Estas são as qualidades que cada bom praticante deve ter. Se, ao contrário, alguém recita o mantra de forma distraída ou com falta de devoção, não haverá essa realização.

Como eu disse, para alguém se tornar um *dordje lobpon*, a realização mínima é de dez milhões de recitações de mantras de cada divindade tântrica, na hipótese de concessão de iniciações. Outra exigência se refere ao tempo. Dependendo da situação e do professor que está envolvido, faz-se um compromisso de tempo. É necessário um mínimo de cinco anos – mas poderia ser algo em torno de cinco a dez anos – que o praticante deve se comprometer a fazer a prática do *yidam* específico. Claro, um praticante com esse tipo de compromisso pode fazer muito mais do que dez milhões de recitações do mantra. Este é apenas o requisito mínimo para ser capaz de assumir o papel de mestre *vajra*.

O mestre *vajra* mais alto ou um mestre *vajra* verdadeiro é aquele para o qual não há discussão de números ou tempo. Em vez disso, ele ou ela faz determinada prática até experimentar uma visão da divindade. Em tibetano isso é conhecido como *shel dalwa* – vendo a divindade face a face. Essa é a realização completa da divindade. Todos os detentores de linhagem para essa prática são verdadeiros *dorje lobpons*, que realizaram a prática, realizam a divindade e realizam verdadeiramente o benefício dos outros.

Em nosso caso, será bom se nos relaciornamos com a prática em todas as três formas – em termos de número, tempo e sinais de realização. Primeiro, devemos assumir o compromisso de recitar o mantra dez milhões de vezes, já que dez milhões de recitações do mantra raiz é a realização do mantra; e não só completar o mantra, mas realizar as atividades do mantra. Este é o menor compromisso, mas não se deve parar aí.

Em segundo lugar, podemos nos comprometer a fazer a prática por um determinado período de tempo. Durante esse tempo, provavelmente vamos recitar o mantra ainda mais do que o número fixo de vezes. Em terceiro lugar, podemos assumir o compromisso de continuar até que tenhamos atingido as marcas de realização. Este seria um compromisso de continuar até encontrarmos Tara face a face. Este compromisso pode durar toda a nossa vida. Uma vez que o compromisso é praticar até que os sinais e marcas

Khenpo Karthar Rinpoche

de realização ocorram, se morrermos antes de vermos Tara, não desistiremos durante a morte.

Esta prática também pode ser feita a fim de realizar benefícios relativos mais imediatos. Isso pode ser feito para limpar os obstáculos ou melhorar a nossa própria situação; por exemplo, ela pode remover o obstáculo da doença. Para isso, um retiro de, no mínimo, sete dias com diligência e devoção completamente sinceras pode superar qualquer obstáculo que possa haver. Isto é dito no comentário sobre a prática, e eu posso garantir com base na minha própria experiência pessoal, bem como por ter visto o seu sucesso para outros praticantes.

Não tenho nenhum desejo de fazer afirmações espúrias de realização, mas devo dizer-lhe a verdade sobre a eficácia dessa prática. Por alguma razão - eu não estou realmente certo do porquê –, desde meus primeiros dias lembro-me de estar convencido de que eu iria morrer com a idade de sessenta anos. Eu costumava ouvir estas palavras na minha cabeça: "Vou morrer com sessenta", quase como se eu estivesse dizendo para mim mesmo. Nunca recebi isto como uma profecia. Ninguém previu isso e eu não tinha uma visão ou qualquer coisa. É simplesmente que, desde pequeno, eu tinha certeza disso. Mais tarde, eu conheci vários lamas de quem recebi ensinamentos. Alguns deles me disseram que sentiam que eu não viveria mais de sessenta anos.

Com certeza, quando me aproximei da idade de sessenta anos, comecei a ter sérios problemas de saúde. Um problema depois do outro, chegando a uma situação muito assustadora. Dirigi-me ao grande mestre Kalu Rinpoche e perguntei-lhe o que devia fazer a respeito. Tanto ele, e mais tarde Sua Eminência, Gyaltsap Rinpoche, fortemente recomendaram que eu fizesse um retiro de um mês de Tara Branca. Nenhum deles disse que, se eu fizesse isso, eu iria superar os obstáculos e viver mais tempo. Eles apenas me disseram para fazê-lo. Eu senti que deveria seguir seus conselhos, então entrei em retiro no local onde estava morando no momento e comecei a fazer a prática.

Durante os primeiros quinze dias, tornou-se cada vez mais difícil e, finalmente, quase impossível. Eu ficava cada vez mais apavorado. Fiquei imaginando o que poderia estar em casa comigo. Eu não podia ver ou ouvir qualquer coisa que pudesse justificar ou causar tal estado de ansiedade. No entanto, vi-me em um estado de pânico completo. Fiquei muito preocupado e não sabia mais o que fazer. Mudei minha cama de lugar algumas vezes, mas não ajudou. Independentemente disso, continuei a fazer a prática. Durante a última metade do mês, no entanto, as coisas começaram a melhorar. O pânico, o medo e o terror começaram a se dissipar. As coisas lentamente voltaram ao normal, e fui capaz de completar a prática.

O que eu passei foi bastante grave. Já se passaram muitos anos desde aquele retiro. Estou agora com setenta e oito anos de idade e continuo com boa saúde. Considero o fato de ainda estar aqui como sendo uma bênção da linhagem e o resultado de tê-la praticado. Portanto, tenho profunda confiança nesta prática a partir de uma perspectiva de experiência pessoal.

Não acho que haja algo de mágico sobre a linhagem ou a divindade ou o ensinamento. Acho que a chave é confiar-se a eles totalmente. O que causa diferença de quanto benefício você alcança fazendo uma prática é o grau em que você realmente se abre para a prática e confia nela completamente. Enquanto não fizer isso, você é como um vaso tampado. Se a tampa não é retirada, não importa o quanto você derrama sobre ele, nada vai entrar. Se você é capaz de se aplicar nestas práticas com confiança e sinceridade, no entanto, a eficácia da prática é inquestionável.

O COMENTÁRIO: OS TRÊS TIPOS DE RECITAÇÃO

Vamos agora nos voltar ao comentário de Jamgon Kongrul para esta prática. Ele descreve três maneiras de recitar o mantra, que são conhecidos como os três tipos de recitação. Em todos eles, as visualizações de si mesmo como a divindade, a roda de mantra e as sílabas permanecem os mesmos, como dito anteriormente.

O primeiro tipo de recitação é conhecido em tibetano como *gong depa*. Nessa forma não se recita o mantra verbalmente. O foco da mente, neste caso, é sobre o autossom do mantra. O mantra reverbera com o seu próprio som. É como, por exemplo, quando se atinge um objeto de metal. Você não está fazendo o som; a ação está fazendo o som. É como um carrilhão de vento, que é autossom. Assim, foca-se a mente nos círculos de mantra, nas sílabas de mantras que emanam luz e sobre o autossom do mantra.

O segundo tipo de recitação é chamado *dordje depa*. São necessárias instruções especiais adicionais a fim de praticá-la; no entanto, estou incluindo esses comentários aqui para que, quando vier a precisar deles, vocês os tenha. Aqui, mais uma vez, não há recitação verbal envolvida. Em vez disso, ao expirar, a luz que irradia da TAM sai e faz oferendas aos Budas e *bodhisattvas* em todas as direções e beneficia todos os seres, em todos os reinos de existência. Ao inspirar, os raios retornam à sílaba TAM no coração, trazendo com eles as qualidades iluminadas e bênçãos dos budas e *bodhi-sattvas* e a essência vital do universo e dos seres. Durante os períodos entre inspiração e expiração, retém-se ligeiramente a respiração e, durante este tempo, o foco está na sílaba TAM no coração.

A recitação *dordje depa* envolve um método particular em que a respiração é retida na região do umbigo. Este é um tipo diferente de relação com a respiração – não do jeito que normalmente respiramos. Quando feito corretamente, é uma excelente prática. Entretanto, para isso, são necessárias instruções especiais e não se deve tentar sem elas. Embora envolva um trabalho em relação à respiração, isso não significa que se está a trabalhar na respiração. Usa-se a respiração enquanto nos concentramos na sílaba TAM e na luz que sai e retorna para TAM. No futuro, quando for apropriado, você receberá esta instrução.

Por fim, o comentário descreve um terceiro tipo de repetição, conhecido como *tro du depa*, e este é o meio pelo qual vamos fazer a prática. Seu corpo, fala e mente estão todos envolvidos com a repetição do mantra. Sua fala projeta o som, as mãos usam o *mala*, e sua mente se concentra nas visualizações dos raios saindo e retornando. É importante manter a atenção plena de todos os aspectos da meditação.

Esta visualização é dupla, e não está tão clara no texto da prática que expliquei anteriormente, pois está no comentário sobre a prática. O comentário explica que há duas partes para esta visualização, cada parte com duas fases. *(Essa é uma apresentação ligeiramente diferente daquela oferecida anteriormente. Quando perguntado a respeito, Rinpoche disse que é possível utilizar-se de qualquer uma delas. Ambas são válidas. [Ed.])*

Em primeiro lugar, enquanto você recita o mantra, raios de luz emanam para fora em todas as direções a partir da TAM e dos círculos de mantras, fazendo oferendas incomensuráveis para os Budas e *bodhisattvas*. As oferendas são tudo aquilo que é digno de ser oferecido – o que agrada o corpo, a palavra e a mente de todos os Budas e *bodhisattvas*. Em algumas práticas esta visualização é muito elaborada, envolvendo deusas de oferendas surgidas de cada raio de luz, e que oferecem diferentes oferendas. Nesse caso, no entanto, é muito mais simples. A luz é a manifestação de todas as formas de oferendas. Não é necessário conceituar sobre o que pode ser uma oferenda digna ou quão grande sejam as oferendas. Então, depois de ter feito estas oferendas, a luz retorna ao TAM no seu coração, juntamente com as bênçãos e a sabedoria de todos os Budas e *bodhisattvas*.

Na segunda fase da primeira parte da visualização, a luz se irradia para fora de novo e beneficia todos os seres em todos os lugares. Embora Tara seja muitas vezes praticada com a intenção de aumentar a longevidade, sua atividade não se limita a isso. A luz executa todos os benefícios imagináveis – o que for necessário ou útil para os seres sencientes, incluindo conduzi-los à suprema iluminação. Quando a luz retorna ao TAM e ao mantra em círculo, ela traz consigo o mérito acumulado por essas oferendas e benefícios.

A segunda parte da visualização também tem duas fases. Primeiro, a luz emana para fora e vai para todos os objetos inanimados no mundo exterior – para as rochas, lagos, árvores, etc. Quando a luz os atinge, sua vitalidade é bastante reforçada. Em seguida, a luz retorna para a sílaba TAM e para o mantra em círculo, trazendo consigo a essência vital de todos os fenômenos inanimados. É como acender uma lamparina utilizando a chama de uma outra lamparina. A segunda lamparina é acesa e, mesmo assim, a chama da primeira lamparina de modo algum se arrefeceu nem se apagou.

Na fase dois, a luz se irradia para fora outra vez, agora indo para todos os seres sencientes, que são chamados em tibetano pela expressão *yo*, "tudo o que se move". Esta luz aumenta enormemente a vitalidade e saúde de todos os seres. Em seguida, a essência saudável de todos os seres (sabedoria, conhecimento, saúde e todas as qualidades benéficas) retorna com os raios e se funde com a sílaba TAM e a guirlanda de mantra, que se torna ainda mais brilhante com a vitalidade. Essas essências estão vindo para você sem tirar nada dos seres. Novamente, é como uma chama acendendo a outra.

Assim, você trabalha primeiro com a essência do mundo inanimado e, em seguida, com a essência dos seres sencientes nas duas fases desta segunda parte. O que exatamente é isso que está a ser recolhido a partir do inanimado e do animado? Todos os objetos animados e inanimados são compostos pelos elementos: terra, água, fogo, ar e espaço. Quando existe um equilíbrio entre os elementos no corpo físico vivo, os fatores que sustentam o corpo permanecem intactos e o corpo permanece forte e saudável. Quando há um desequilíbrio ou diminuição desses elementos, então a força é perdida e se torna suscetível às doenças e outros problemas.

O mesmo ocorre na natureza. Quando as árvores e as plantas têm ricos suprimentos dos elementos e os elementos estão em equilíbrio adequado, há nutrição e crescimento. Sem isso, o crescimento diminui ou para, e as coisas se deterioram. Todos os objetos inanimados, até mesmo as pedras e metais preciosos, também contêm a essência dos elementos.

Khenpo Karthar Rinpoche

Então, a essência vital dos seres e do mundo refere-se aos elementos – e aqui estamos preocupados com a essência desses elementos. É isso o que está sendo coletado.

Entre os três tipos de recitação, os dois primeiros (*gong depa* e *dordje depa*) são para praticantes avançados que têm uma grande quantidade de controle mental e sobre seu *continuum* mente-corpo. Portanto, agora faremos apenas o terceiro, o *tro du depa*.

Recitação do mantra de longa da vida

Durante a prática regular, recitamos normalmente o mantra de longa vida OM TARE TUTTARE TURE MAMA AHYU PUNYE JNANA PUKTRIM KURU SO HA numa quantidade equivalente a um décimo da quantidade de vezes que recitamos o mantra raiz. Portanto, se você recitar o mantra raiz de dez sílabas mil vezes, você poderá recitar o mantra de longa vida cem vezes. Há também uma visualização especial para a prática de longa vida.

Em relação à aplicação desta prática para a sua própria longevidade, a autovisualização é a mesma como descrita anteriormente. Você se visualiza como Tara, e, assim como antes, é coroado com Amitabha, que é a essência das cinco famílias de Budas. Então, com uma atitude sincera e consciente, você solenemente solicita Amitabha sobre a coroa de sua cabeça para lhe conceder o *siddhi* de vida longa. Ele se alegra com o seu pedido sincero e, do HRI em seu coração, ele emana luz, que vai para todos os Budas e *bodhisattvas* das dez direções e três tempos.

A luz retorna com suas bênçãos, *siddhis* relativos e último, e a quintessência relativa e última do *samsara* e nirvana. Quando retorna, ela entra na tigela que Amitabha

A roda que realiza todos os desejos

está segurando com as duas mãos, sob a forma de *amrita* branca. Esta *amrita* começa a ferver na tigela e depois transborda e entra em você através da coroa em sua cabeça. Não é doloroso quando ela entra em seu corpo. Não é como óleo fervente. Ferve e bolhas fluem sobre a borda da tigela. Ela preenche todo o seu corpo completamente. Por um tempo você continua a recitar o mantra longo, continua com essa visualização fervendo e, transbordando e enchendo seu corpo completamente. Sua aparência torna-se cada vez mais radiante e brilhante.

Se você quer promover a longevidade de outra pessoa, não haverá nenhuma mudança nas palavras da liturgia, mas haveria uma mudança na visualização. Neste caso, há uma maneira simples e uma forma mais elaborada para fazer isso. A forma elaborada deve ser usada para os seus mestres ou outras pessoas a quem você tenha devoção ou grande respeito.

Na versão elaborada, quando chegamos na etapa da recitação de longa vida, tanto você quanto seu mestre aparecem na forma de Tara completa com todos os ornamentos. Não importa onde você coloca a outra pessoa – em frente, à direita ou à esquerda. Faça o que for mais confortável. No entanto, tenha cuidado para não confundir isto com uma visualização pessoal e frontal. Você desenvolve duas visualizações paralelas porque o seu objetivo é beneficiar a outra pessoa.

Amitabha está no alto de sua cabeça, enquanto Tara; e Amitabha também está no alto da cabeça da outra pessoa, enquanto Tara. Quando você faz o pedido a Amitabha para conceder o *siddhi* de longa vida, o pedido é reconhecido por ambos, Amitabha em sua coroa e Amitabha sobre a coroa da outra pessoa. *Amrita* transborda de ambas as tigelas de mendicância e enche seu corpo e o corpo dela simultaneamente. Se você tiver dois ou mais mestres para os quais você deseja realizar a prática de longa vida, você pode visualizá-los todos na forma de Tara ou, alternativamente, visualizar um aspecto único de Tara como sendo a expressão de todos eles.

A outra forma é mais simples. Você faz a prática exatamente da mesma maneira como fez para sua própria longevidade. A tigela de Amitabha cheia transborda e prenche seu corpo, enquanto Tara. Visualize a pessoa que você está ajudando na sua frente, em sua forma natural, de frente para você e ligeiramente abaixo de você. Ore fervorosamente para Amitabha conceder o *siddhi* de longa vida a esta pessoa por meio de você.

Enquanto Tara, você é a personificação da sabedoria e inteligência desperta de todos os Budas e *bodhisattvas*. A *amrita* flui através de seu corpo completamente e depois para fora das pontas dos dedos de sua mão direita, que permanece no mudra da suprema generosidade. A *amrita* entra na pessoa através da coroa de sua cabeça, enchendo seu corpo e lavando todos os obstáculos à vida longa e à boa saúde. Através deste processo de preenchimento, todos os seus obstáculos e doenças escorrem para fora, e a pessoa fica completamente limpa. Finalmente, todo o seu corpo está completamente preenchido com o néctar brilhante de longa vida.

A prática diária normal descrita acima, com o mantra da longa vida sendo recitado um décimo de vezes do total de vezes que recitamos o mantra raiz, pode realizar a longevidade. No entanto, quando você está fazendo a prática Tara apenas para a longevidade – por exemplo, se você ou alguém está gravemente doente –, então a recitação do mantra mais longo deve ser a recitação principal.

A roda que realiza todos os desejos

Isto completa o segundo estágio da prática, o *ngagrim*.

Pergunta: O brilho de luz especialmente brilhante é apenas a partir da sílaba TAM, ou a partir das principais seis sílabas, ou apenas do mantra da longa vida, ou de todos eles durante essas visualizações?

Rinpoche: Luz brilhante é irradiada da sílaba TAM o tempo todo. De qualquer forma, todo mantra que você está recitando é particularmente brilhante e radiante. Quando você está fazendo as visualizações de irradiação de luz e coletando bênçãos e essências vitais, o mantra raiz brilha ainda mais forte. No entanto, quando você recitar o mantra da longa vida, ambos os mantras brilham de forma radiante porque você está recitando os dois.

Pergunta: Quando recitar o mantra a pessoa deve concentrar sua atenção principalmente na roda e em cada sílaba individual?

Rinpoche: De vez em quando, quando você desejar clarificar a sua visualização das sílabas, você pode fazer isso. Mas essa não é a maneira de se trabalhar com ele. Ao trabalhar com as sílabas de mantras, o foco principal é sobre brilhar e irradiar luz e, com isso, fazer oferendas, beneficiando os seres, recolhendo de volta as bênçãos e essências vitais. Mas quando você está trabalhando no desenvolvimento dos detalhes de sua visualização, este será apenas um dos muitos detalhes nos quais você pode se concentrar.

Pergunta: Devemos fazer uma visualização completa, incluindo o envio da luz, fazer oferendas e beneficiar os seres e, em seguida, coletar bênçãos e a essência vital do mundo e dos seres com cada recitação do mantra no *tro du depa*?

Rinpoche: O que é importante é uma atenção plena. O número de mantras ditos por sua boca deve corresponder ao número de contas contadas e você deve dizer o mantra completamente e de forma contínua, enquanto trabalha na visualização. A visualização completa não tem de corresponder a cada recitação do mantra, mas isso deve ser feito corretamente. Que a visualização seja adequada e clara, isso é o mais importante – e não que o número de visualizações e mantras sejam iguais.

Pergunta: Que tipo de *mala* deve ser usado para fazer esta prática?

Rinpoche: Para praticar Tara é melhor usar um *mala* com contas de sementes da árvore *bodhi*. Na verdade, um *mala* com contas de sementes da árvore *bodhi* é melhor para qualquer prática. O segundo melhor para a prática de Tara é um *karma-mala,* ou "*mala* de atividade*"*, feito de concha branca, cristal branco, ou coral branco. Este tipo de *mala* em outras cores também é bom, como o azul. Você deve evitar o uso de um *mala* feito de chifre animal ou osso. Há uma exceção a isso, mas mesmo assim, é importante ter cuidado. Às vezes, em uma prática para uma divindade irada sob certas circunstâncias, pode ser bom usar um *mala* de osso. Mas, nesta situação, teria que ser um *mala* feito de osso do crânio de um ser humano. A razão para que eu esteja mencionando isso é que esses implementos de prática do Dharma agora são vendidos comercialmente e você pode ouvir que estes *malas* são especiais ou tem poderes místicos. No entanto, você deve evitá-los.

Pergunta: Estou muito interessado em fazer a prática para a vida longa do meu lama. Você mencionou anteriormente que, ao fazer a prática de longa vida para o seu guru, deve-se substituir a palavra MAMA pela palavra GURU. E qual a maneira mais eficaz de fazê-lo?

A roda que realiza todos os desejos

Rinpoche: A substituição da palavra GURU no mantra é opcional. Mesmo quando você está fazendo a prática para alguém, você pode dizer o mantra como ele foi originalmente escrito, sem qualquer substituição. Algumas pessoas gostam de tirar a palavra MAMA e colocar a palavra GURU para lembrar-se de que eles estão fazendo isso para o lama; mas não importa, e não faz nenhuma diferença no que diz respeito à eficácia da prática.

A prática principal:
A fase de conclusão (*Dzogrim*)

Dessa forma completamos duas das três partes da prática principal: o estágio de geração e a recitação do mantra. A terceira parte da prática é chamada de fase de conclusão (*dzogrim*), que se refere à dissolução gradual da visualização de volta para a vacuidade da qual ela inicialmente surgiu.

Isto é importante porque todas as visualizações não são entidades dotadas de substancialidade, mas a manifestação da própria vacuidade. Em outras palavras, quando fazemos as visualizações você as vê como a clara aparência de algo que não existe. Embora aparentes, elas não possuem existência. Além disso, vemos que sua aparência ou vivacidade de forma alguma contradiz ou obstrui sua não existência. Por outro lado, sua falta de existência de maneira alguma obstrui ou contradiz sua aparência. Assim, o ponto culminante da prática é dissolver tudo de volta em sua natureza fundamental e, então, descansar na experiência dessa natureza.

O estágio de conclusão envolve a dissolução de todas as formas conceptuais e materiais, isto é, tudo o que pode ser percebido no mundo exterior, bem como as projeções de sua mente conceitual interior. Primeiro, todos os vários reinos, cada um com seu próprio tipo de sofrimento, e tudo o que existe dentro desses reinos, imediatamente tomam a forma da mandala de Tara. Assim, o universo externo passa a ser da mesma natureza do palácio por você visualizado, e todos os seres sencientes dentro dele tornam-se Tara.

Então, pensamos que o universo externo e todos os seres fundem-se em luz e dissolvem-se de fora para dentro no círculo *vajra* de proteção (*dorje sungkor*). Uma vez dissolvidos no círculo de proteção, deve-se considerar que não há mais qualquer coisa fora disso. Em seguida, o círculo de proteção funde-se em luz e dissolve-se no palácio. Neste ponto, não há nada fora do palácio. Isto completa o processo de dissolução exterior.

Em seguida, o palácio, que é a residência ou o suporte para você enquanto divindade, dissolve-se em luz, que dissolve-se em você. A essa altura não existe mais nada em lugar algum do universo que esteja fora de você, como divindade. Agora você é a personificação de tudo. Então, você dissolve-se gradualmente de cima para baixo e de baixo para cima, na visualização do coração. Ou seja, você dissolve do lótus e da lua para cima e de Amitabha em sua coroa para baixo até que tudo o que restar seja o lótus branco e a roda com a sílaba semente e a guirlanda do mantra.

Em seguida, o lótus se dissolve na lua, a lua se dissolve na roda, a roda se dissolve nas sílabas dos mantras, e estes se dissolvem de fora para dentro. O círculo de mantra exterior se dissolve no círculo interno, e este se dissolve na sílaba branca TAM. Neste ponto você considera que tudo no universo, sem exceção, dissolveu-se na sílaba TAM.

Então, o TAM dissolve-se de baixo para cima. A letra AH, que está na base da letra TA, dissolve-se na parte principal da letra TA, que dissolve-se na lua crescente. Finalmente, a lua crescente dissolve-se dentro do círculo, e o círculo dissolve-se de baixo para cima até que haja apenas um pequeno ponto de luz. Assim, continuando a descansar a atenção incisivamente neste ponto de luz minúsculo, você pensa que ele se dissolve na vacuidade.

Dessa forma você adentra à experiência da base da visualização, que na liturgia é referido como clara luz. Descanse sua mente nisso, sem qualquer tipo de fabricação ou qualquer tipo de idéias sobre tudo isso, sem tentar alterar o que você experimenta – essa é a principal prática do estágio de conclusão.

Descanse no estado de consciência – sem esforço, sem relembrar o passado nem convidar o futuro, livre de todos os conceitos, tais como bom ou mau – por tanto tempo quanto puder. Você deve lembrar-se de que começamos a prática com o mantra OM SHUNYATA JNANA BEDZRA SOBHAUA EMAKO HAM. Com este mantra, o nosso ponto de partida foi vazio. Agora, na fase de conclusão, tudo se dissolve de volta para a vacuidade essencial.

Se o círculo de proteção, o palácio e a autovisualização são sem existência verdadeira, então qual é a relação entre essa insubstancialidade e o mundo fenomênico? Certamente, não estamos tentando negar aparências – a dizer que não há aparências. Não há nada errado com as aparências. Elas não são em si um obstáculo. É a nossa confusão sobre elas que é o obstáculo. Em virtude do nosso hábito confuso de se fixar nas aparências como sendo verdadeiras e reais, nos aderimos a elas e aos conceitos que temos sobre elas e, assim, experimentamos sofrimento. Quando nos damos conta, no momento de seu surgimento, de que essas aparências não têm existência verdadeira, então elas nunca mais serão um problema ou obstáculo para nós.

Como mencionei anteriormente, entender uma situação claramente é compreender todas elas. Se você entender que a mandala, que consiste no palácio, na divindade, no círculo de proteção, e assim por diante apesar de parecer real, é por natureza vazia e insubstancial, isso o ajudará a perceber as aparências fenomenais da mesma forma. Isso ocorre porque a existência aparente das coisas está relacionada aos sons que você ouve, às formas que você vê e a suas percepções e pensamentos sobre eles, independentemente do fato de serem aparências exteriores ou as visualizações da mandala e da divindade. Você cria essas aparições através da audição, visão e conceitos mentais. Se uma divindade que você tenha visualizado com sua mente, visão e audição não tem existência substancial, será que isso não seria também válido para qualquer outra aparência? Ao mesmo tempo em que há o vazio, há aparência. Essa é a natureza fundamental das coisas.

Considere os truques de um mágico. Através de sua arte, um mágico pode produzir muitos soldados com armas – um grande exército indo para a guerra. As pessoas que não sabem que este é um truque iriam vê-los como soldados reais e sentir que eles ameaçam de forma perigosa. Se o mágico conduzir os soldados a marchar na direção deles, iriam fugir com medo. A razão para o medo é que os soldados parecem reais para eles. Mas o mágico que produziu essas aparições não teria medo. Ele não iria fugir porque ele sabe que, embora os soldados e as armas pareçam ser reais, eles realmente não existem. Ele sabe que eles são meras aparências, dependendo inteiramente de seus próprios atos. Da mesma forma, as aparências exteriores não têm existência verdadeira. A sua natureza inata é vazia e insubstancial. Elas só existem de forma interdependente.

É por não compreendermos esta verdade que experimentamos imenso sofrimento de toda espécie. Portanto, é isso que torna esta compreensão algo tão importante. Por considerarmos que as aparências são reais e verdadeiras, desenvolvemos o apego e a aversão, que são a raiz de todo o sofrimento. Tentar se livrar desse apego e dessa aversão diretamente é algo muito difícil. No entanto, quando começarmos a compreender a verdadeira natureza da realidade, o apego e aversão serão autoliberados. Esta é a habilidade profunda do caminho *vajrayana*.

Há uma história que ilustra isso. Um romancista escreveu certa vez um romance sobre uma montanha. Ele a descreveu como a mais especial das montanhas, pois ela era carregada com pedras preciosas. Ele contou muitas histórias e detalhes sobre isto, todas elas totalmente fictícias. No entanto, muitas pessoas acreditavam que era uma história verdadeira. Eles se empolgavam e embelezavam a história com muito mais detalhes. A história ficou maior e melhor, e continuou a cadeia. Poderíamos dizer que deixou um rastro de confusão coletiva. Isto é o que acontece com as nossas vidas, as quais adornamos com todos os tipos de fantasias através de nossas fixações. Um dia alguém que não havia se envolvido nesse emaranhado viu que aquela montanha não tinha existência verdadeira. Ela mostrou-lhes que, literalmente, não existia. Ela libertou todos desta grande teia da confusão. É como o Dharma.

Considere isto: o som existe porque você pode ouvir o som com o seu sentido da audição. Se não houvesse o som, como você saberia que existe audição? E vice-versa? Bem, e o que é o som? Num instante ele está aqui, e no momento seguinte ele se foi. Você não pode dizer que esteve aqui, que estava lá ou que deveria estar aqui ou ali. No entanto, para sua mente conceitual que se fixa, os sons existem. Além disso, não apenas os sons existem, mas existem categorias de som. Como existem categorias de som, há apego e aversão.

Na realidade, porém, onde é que o som realmente existe? Ele nem sequer existe na forma de uma minúscula partícula. É uma combinação de causas e condições. Ele existe de forma interdependente e, portanto, não tem existência verdadeira. Ele existe com a ajuda da audição. Sem a capacidade da mente de ouvir reconhecer que está ouvindo algo, nós não ouviríamos. Além disso, a mente rotula os sons. Para as nossas mentes conceituais, os sons existem no rótulo e na aparência, mesmo que eles não tenham existência verdadeira. Esta prática é um método profundo para cortar completamente essas fixações conceituais.

Quer a pessoa seja ou não iluminada, ela verá as aparências. O que se vê pode não ser diferente, mas a maneira como é visto é. Quando uma pessoa se torna iluminada, as aparências não desaparecem em um vácuo que é vazio de tudo. Vê-se e, ao mesmo tempo, experimenta-se a natureza vazia.

O vazio não é uma negação da aparência. A partir do vazio não referencial as formas surgem sem obstruções. Agora você pode começar a se relacionar com essa compreensão do vazio de uma maneira experiencial. Este é o princípio da sabedoria. E essa sabedoria se manifesta por meio de uma aparência sagrada no momento em que você resrurge na forma da divindade.

Mantendo a fase de conclusão após a meditação

Tendo permanecido em um estado de vacuidade por tanto tempo quanto possível, em algum momento um pensamento vai surgir. Ao praticar a fase de conclusão, tente reconhecer o surgimento de qualquer pensamento enquanto este estiver se manifestando. Tão logo surja um pensamento que o tire da experiência da natureza básica – nesse mesmo instante, "montado no pensamento" –, você ressurge instantaneamente como Tara. Dessa forma, em vez de seguir o pensamento, você o utiliza como um veículo para sua reidentificação com Tara. Assim, o pensamento surge do estado não referencial em Tara. Não devemos percorrer todo o processo de visualização, como fizemos antes. Você tem as sílabas OM, AH e HUM na testa, na garganta e no coração.

No estado pós-meditativo, sua mente aparece como Tara. Mantenha a convicção de que, como Tara, você vai fazer o que é benéfico para os outros. Além disso, como explicado claramente nas linhas do texto de prática, como Tara, você deve ver que a natureza de todos os objetos e sons no mundo fenomênico são insubstanciais e carecem de existência verdadeira. Eles não têm qualquer essência como a que parecem ter. Embora pareçam existir, são como uma miragem. São como as ilusões produzidas por um mágico que parecem ter substância, mas não têm existência verdadeira.

A partir da perspectiva fundamental, todas as aparências são como ilusões. Em essência, elas são o jogo da sabedoria da divindade – as maneiras infinitas por meio das quais a sabedoria da divindade é exibida e manifesta. Isso significa que tudo o que você vê – todas as aparências, como o seu corpo e os dos outros e as aparências do mundo inanimado -, são expressões do corpo de Tara. Tudo o que você ouve é expressão do mantra de Tara. Todo pensamento ou memória que surge em sua mente é uma expressão da natureza básica da mente.

A menos que tenhamos uma visão sagrada, não podemos experimentar as coisas dessa forma. Mas treinando nossas mentes desta forma, gradualmente desenvolveremos a visão pura, de modo que, finalmente, poderemos realmente experimentar a essência do mundo externo como a exibição da sabedoria da divindade. Então veremos diretamente as aparências como sendo a sabedoria da divindade.

A natureza última de todas as aparências está além de ser boa ou ruim. Impor noções de bom e mau aos fenômenos é profanar o que eles realmente são. Como o jogo da sabedoria da divindade, eles não têm substancialidade e estão além de limitações conceituais. Da mesma forma, todos os sons estão além de ser desagradáveis ou melódicos. Relacionar-se com eles como se tivessem tais características é torná-los verdadeiramente existentes. Da mesma forma, os pensamentos não podem ser considerados bons ou ruins. Em essência, eles não são nada mais do que a manifestação da sabedoria da divindade, expressando a forma dessa sabedoria. É muito benéfico meditar desta forma durante a fase pós-meditação.

Para ajudar você a entender, pense no exemplo do espaço. Existem infinitas demonstrações de fenômenos na imensidão do espaço. Há luz, escuridão, chuva, nuvens, vento, pássaros voando, aviões voando e assim por diante. No entanto, qualquer que seja a manifestação que ocorra, o espaço em si permanece inalterado devido à sua natureza imaterial e vazia.

Da mesma forma, a natureza fundamental dos fenômenos está além de qualquer ponto de referência e substancialidade. Isto é referido como *thatness*, "do jeito que é". Tudo o que surge a partir desta natureza fundamental carece de substancialidade. Entretanto, a partir de nossos hábitos marcados pelo dualismo e pelo apego, vemo-los como sendo reais, substanciais e permanentes. A partir desta fixação, desenvolvemos conceitos de bom e mau, agradável e desagradável. Essa fixação não é outra coisa senão confusão. Nós não vemos o que as coisas fundamentalmente são, e, por isso, a partir desse ponto de vista, estamos confusos. Nós nos relacionamos com o mundo com base nessas ilusões e, como resultado, experimentamos sofrimento contínuo.

Normalmente, as fixações habituais das pessoas são tão fortes e espessas que acabam caindo em um dos extremos de acreditar que as aparências realmente existam ou que são absolutamente nada. Mas as aparências são como um sonho. Elas não são diferentes de um sonho, porque em ambos os estados, seja no sonho ou acordado, o que quer que você experiencie possui uma aparência, mas não possui existência verdadeira. Seja um sonho bom ou um pesadelo, o que de fato você experiencia é fruto do seu apego e da sua aversão. Da mesma forma, é isso que experimentamos em nossas interações com o mundo.

Quando você reconhece que está sonhando, isso muda tudo. Se você sonha que escorregou num penhasco e está caindo, você pode experimentar um medo terrível de que vai se machucar. Por outro lado, se você é capaz de ver que está apenas sonhando, então, mesmo enquanto você estiver caindo não haverá nenhum medo, e não haverá nenhum medo quando você atingir o chão. O que o libera do medo no sonho é acordar para a possibilidade da natureza vazia da experiência.

Não há nada melhor que possamos fazer por nós mesmos do que experimentar a sanidade básica das coisas – a sua verdadeira natureza, vazia de qualquer existência substancial. Esta é a maneira de simplificar verdadeiramente nossas vidas. Se examinarmos de perto a situação, veremos que quando somos governados por fortes padrões de fixação dualista e apego, nossas vidas se tornam muito complicadas. Por causa de nossas fixações nos deparamos com todos os tipos de dificuldades.

Isto é especialmente evidente em países como o Butão, onde as pessoas são muito supersticiosas e se perdem em todos os tipos de ideias complicadas. Eles pensam que há algo ameaçador no alto da montanha, embora não estejam muito certos do que poderia ser. Então, lá no vale, há outra coisa. Se eles atravessam o rio ou vão por um certo caminho, é perigoso. Eles passam suas vidas tentando apaziguar o que está ao redor a fim de evitar danos. Eles estão numa espécie de prisão domiciliar, por assim dizer. Eles não podem se mover. E não apenas isso: como isso é tão real para eles, ao se moverem, eles eventuamente acabam se machucando.

Vivi lá durante algum tempo e nunca vi nenhuma dessas coisas. Até onde eu sei, nada disso de fato existia e, dessa forma, nunca fui afetado. No entanto, quando sua mente detém uma idéia com medo e se fixa fortemente nele, aquilo que você teme pode acontecer. Entretanto, pude notar o mesmo na América do Sul e em muitas outras partes do mundo. Se você é refém de tal fixação, então você pode se prejudicar. Do contrário, não há com o que se preocupar.

Você pode ir para onde você quiser ir e fazer o que você precisa fazer.

Se simplificarmos nossas vidas, ganhamos uma liberdade tremenda. Por exemplo, houve grandes mestres no Tibete que manifestaram a insubstancialidade da verdadeira existência não só no mundo exterior das aparências, mas com seus corpos também. Houve alguns seres realizados cujos corpos eram transparentes. Eles não tinham nenhuma sombra. Eles moravam em uma casa, mas a casa não tinha paredes. A luz do sol atravessava diretamente as paredes. Eles podiam permanecer no espaço, como se estivessem deitados sobre uma almofada ou cama. As possibilidades eram ilimitadas. No entanto, tudo começa por simplificar nossas vidas, dissolvendo tendências habituais e fixações conceituais.

Quando entendemos a natureza fundamental do mundo e as causas do sofrimento, mudamos a forma como nos relacionamos com o mundo. Uma grande quantidade de sofrimento pode ser eliminada, mesmo que tenhamos apenas alguma compreensão intelectual disso. Então, por meio deste tipo de prática, podemos começar a nos relacionar com as experiências do ponto de vista do que elas são, ao invés de fazê-lo por meio de tendências habituais e fixações. Em última análise, ela vai nos liberar do apego à confusão e dos obstáculos. Esta é a forma como levamos a fase de conclusão para a fase pós-meditação.

DEDICAÇÃO DO MÉRITO

Normalmente a prática diária inclui principalmente a fase de geração, a repetição do mantra raiz mais curto, bem como do longo mantra de vida longa e a fase de conclusão. Então você dedica o mérito. Na versão da prática de

Situ Rinpoche, a dedicação de mérito consiste na oração de quatro linhas após a fase de conclusão e das duas estrofes de quatro linhas de dedicação e auspiciosidades encontradas na última página da prática. Na versão de Jamgon Kongtrul, a dedicação consiste na oração de quatro linhas de dedicatórias e auspiciosidades encontrada na última página da prática.

Voltando à liturgia, no texto de Situ Rinpoche se diz: "Por esta virtude, que eu possa rapidamente realizar Tara Branca, e, tendo feito isso, possa estabelecer todos os seres, sem exceção, neste estado". Quando se diz "essa virtude" deve-se pensar primeiramente na virtude da prática, mas, como consequência, isso também significa toda a virtude acumulada por si mesmo, bem como todos os seres do passado, presente e futuro. Você está dedicando toda essa virtude para a realização rápida de Tara Branca para que você possa beneficiar os demais seres.

Aqui, o desejo de realizar Tara rapidamente possui dois significados. No sentido comum, significa receber as bênçãos da divindade e, na medida em que seus objetivos imediatos – como longevidade, saúde, e assim por diante – sejam alcançados, você será capaz de desenvolver o poder e a capacidade de ajudar os outros. Ele também possui o significado último de realizar plenamente o estado da divindade, de modo que seu corpo se torna o mesmo que o corpo de Tara Branca, seu discurso se torna o mesmo que o discurso da divindade, e, sua mente, a mesma que a mente dela. Esse estado é o perfeito despertar, e por meio dele você será capaz de conduzir inúmeros seres à liberação.

Além disso, "todos os seres" não se limitam apenas aos seres que podemos ver, como seres humanos e animais. Isso também significa todos os seres, em todo o universo, que não podemos ver. Inclui todos e não exclui ninguém. Vale a pena notar que, para que um ser iluminado seja capaz de liberar alguém, deve haver algum tipo de conexão, seja saudável ou doentia, com a pessoa a ser beneficiada. Isto cria a possibilidade de o benefício ocorrer. Não importa se a conexão que você tem com um ser seja pelo fato de ter sido por ele prejudicado, pois mesmo aqueles que prejudicaram um ser iluminado acabarão por se liberar, apenas em virtude desta conexão. Isso ocorre porque um ser iluminado nunca desiste de qualquer ser, independentemente de sua ligação ser positiva ou negativa. Assim, qualquer tipo de conexão é a base para o benefício ocorrer. É por isso que é tão importante estabelecer uma conexão.

Pergunta: Existe um momento adequado do dia ou um momento especial do mês para fazer a prática de Tara Branca? Além disso, devemos evitar carne e álcool como na prática de Tara Verde?

Rinpoche: Se você a estiver realizando como prática diária, é claro que você irá fazê-la todos os dias, e por se tratar de uma prática de longevidade, é melhor que seja feita na parte da manhã. Idealmente, você deve fazê-la na parte da manhã porque sua mente está mais clara e seu corpo está descansado, mas não sejamos demasiado rígidos em relação a isso. Se a sua rotina é tal que, em virtude do trabalho ou outras considerações você só pode praticá-la na parte da tarde, você não deve achar que é melhor deixar de fazê-la por ser no período da tarde. A qualquer momento é aceitável, mas de manhã é o melhor período. E, claro, se você estiver fazendo um retiro de Tara Branca, você deve praticá-la em três ou quatro sessões ao dia.

A roda que realiza todos os desejos

A designação dos períodos ideais de prática baseia-se nas quatro atividades às quais estão relacionadas. Uma vez que a prática de Tara Branca é classificada como uma prática de "pacificação", normalmente devemos praticá-la na primeira metade da manhã. O "enriquecimento" ou o "aumento" é feito no meio da manhã ou final da manhã. A "atração" é feita no início da tarde, e a "sujeição" – tal como a prática Mahakala – é feita no final da tarde ou à noite.

Dentro de cada mês, o dia que é especificamente relacionado com a prática de Tara é o oitavo dia do mês lunar. Podemos estender isso para o décimo quinto dia (o dia de lua cheia), e o trigésimo dia (o dia de lua nova), igualmente muito especiais. Mas o oitavo dia é particularmente associado à prática de Tara e do buda da Medicina.

Embora não seja uma exigência absoluta, é sempre uma boa idéia fazer a prática antes de ingerir qualquer tipo de carne ou álcool. Não é uma instrução rígida, como é na prática de Tara Verde, mas não é por isso que vamos nos tornar permissivos.

Pergunta: Se fizermos Tara Branca ou outra prática em relação a qual tenhamos confiança para uma pessoa que está gravemente doente e morrendo, o benefício decorrente te tal prática se estende para suas vidas posteriores?

Rinpoche: Sim, e isso é válido independentemente da prática realizada. No caso da prática de Tara Branca, é adequado que seja feita para alguém que está gravemente doente ou até mesmo prestes a morrer. Tal prática continua a beneficiar o destinatário mesmo após sua passagem desta vida. Isto porque, como foi dito, Tara é a mãe de todos os budas. Entretanto, se sua questão está relacionada aos costumes, é comum utilizar-se a prática de Tara Branca para prolongar a vida, assim como é comum usar as práticas de Chenrezig e Amitabha como oração por alguém que está prestes a morrer ou ou que já tenha morrido. No entanto, por ser um costume válido em si mesmo, você não precisa sentir que deve segui-lo de forma rígida. Se você tiver fé em uma divindade, ou maior familiaridade com certa prática do que com a outra, você pode usar essa divindade e a prática para todos esses diversos fins.

Pergunta: O senhor poderia falar um pouco mais sobre como manter-se enquanto divindade na fase pós-meditação.

Rinpoche: Depois de dissolver-se na vacuidade, você ressurge como Tara e gera a atitude de ser realmente Tara. Isto significa que, depois de ter terminado a prática, e estando de volta às suas atividades diárias normais em pós-meditação, devemos tentar manter a perspectiva de ver a si mesmo como Tara. Na prática, o que acontece é que você começa a fase pós-meditação visualizando-se como Tara mas em seguida, claro, você fica muito ocupado. Entretanto, apesar de engajado em todo o tipo de coisas, deve-se tentar periodicamente lembrar-se de que você é Tara. Nesse contexto, é muito mais uma atitude ou uma impressão do que uma visualização. Você pensa em si mesmo como Tara ou lembra-se de ser Tara, mas por estar focado no que está fazendo, você nem sempre será capaz de realizar a visualização em detalhes.

A PRÁTICA PRINCIPAL:
OFERENDA DE *TORMA*

Até agora cobrimos as três etapas principais da prática de Tara Branca – o *kyerim*, o *ngagrim* e o *dzogrim*. Seguindo a prática principal, você pode oferecer *torma*, se assim desejar.

Quando você está fazendo a prática de Tara Branca em um retiro, deve oferecer *torma* a cada dia. Durante o retiro, isto é feito normalmente na sessão da tarde. Portanto, se você estiver fazendo duas sessões em cada dia, deve oferecê-la na segunda, ou se estiver fazendo quatro sessões por dia, pode fazê-lo na terceira ou quarta, dependendo de como se organizou para isso.

Na prática de *torma* você convida as divindades para o espaço à sua frente e faz a oferenda da *torma*. Tendo feito isto, você solicita a elas que permaneçam inseparáveis de quaisquer imagens que representam os objetos de refúgio em seu altar.

PREPARANDO, CONSAGRANDO
E OFERECENDO A *TORMA*

Para começar, você prepara uma *torma* branca. Ela é redonda e tem uma forma especial contendo certos ornamentos. Na melhor das hipóteses, isto se refere a uma *torma* elaborada similar à utilizada na realização da prática de Tara Branca. Se você não sabe como fazer uma dessas, pode fazer o que é chamado de *kartor*. *Kartor* significa "*Torma branca*". Esta é uma *torma* menor e mais simples feita de massa de pão, que não é muito difícil de fazer[26].

---

26 O melhor é ter uma *torma* real, mas se você quiser fazer a prática antes de aprender a fazer uma *torma*, você pode oferecer biscoitos até que aprenda a fazê-la.

A primeira coisa importante a se ter em mente na oferenda de *torma* é que ela deve ser livre de impurezas. Isto significa que não só deve ser fresca e limpa, mas que deve ser pura no sentido de que seja feita sem avareza – por exemplo, o tipo de avareza na qual você se sente obrigado a fazer a oferenda, quando na verdade você gostaria de fazer outra coisa. Também deve estar livre das máculas das fixações habituais e outros enganos.

Preparo da *torma*

Para consagrar a *torma*, usamos o mantra de limpeza da divindade irada Trowo Dutsi Kyilwa: OM BEDZRA AMRITA KUNDALI HANA HANA HUM PEY. Ele purifica a oferenda num nível grosseiro. Todos os defeitos são purificados. Assim a oferenda se torna pura, limpa e atraente. Isso é equivalente a cozinhar o alimento que você oferecerá a um hóspede. Quando você fizer a prática de forma coletiva, vai notar o atendente responsável pelo altar borrifar água sobre a *torma* com este mantra. Quando você oferece a *torma* durante um retiro solitário, você pode também borrifar água limpa na *torma* durante esse mantra. Isso é mais do que parece. A água está consagrada pelo mantra da divindade e, portanto, representa o poder dessa divindade para limpar a *torma*.

Além disso, as oferendas devem ser livres de fixações conceituais como "isso é melhor do que aquilo". Para purificar as fixações conceituais, recitamos OM SOBHAUA SHUDHA SARUA DHARMA SOBHAUA SHUDHO HAM. Isso elimina tudo conceitualmente e purifica tudo no vazio. Às vezes as pessoas pensam que isso é algum tipo de magia que transforma fisicamente os materiais de oferenda em algo como o nada, mas não é verdade. Ao contrário, ela nos remete à natureza pura de todas as coisas, que é a sua vacuidade. É semelhante ao mantra *shunyata* recitado anteriormente quando você estava prestes a gerar-se como a divindade, na fase de desenvolvimento da prática. O mantra foi usado para lembrar a natureza vazia de todas as coisas. O mantra *sobhaua* tem o mesmo significado.

A função do mantra é lembrar o praticante do fato de que oferecer essa substância, ou qualquer outro material, é vazio de existência inerente. A razão pela qual isso é necessário é que você pode ter conceitos ou atitudes em relação às suas imperfeições. Você pode pensar que é muito pequeno ou é feito de um material inferior, ou outras opiniões que causam a sensação de que há limitações. Quando você purificar a *torma* com o mantra *sobhaua*, estará purificando o que é a sua percepção do *torma* como imperfeita e limitada. Você não está literalmente dissolvendo a substância em nada. Você está dissolvendo o seu conceito de realidade da substância e, portanto, suas imperfeições.

Enquanto você não alterar a sua percepção da *torma* como sendo vazia de existência inerente, você não pode consagrá-la, porque estará limitado à forma como você a percebe fisicamente. É por isso que se diz no início da liturgia de consagração "Do estado de vacuidade". A *torma*, incluindo seu recipiente, surge desse estado de vacuidade. Você imagina que, à sua frente, surgida da vacuidade, o prato ou tigela que contém a *torma* aparece como um enorme recipiente feito de materiais preciosos. Essa visualização eliminará quaisquer conceitos que você tenha sobre os materiais oferecidos.

O recipiente da *torma* é inconcebivelmente vasto e espaçoso. É feito de pedras preciosas de deuses e homens e é inimaginavelmente belo. No interior, você visualiza a *torma* inicialmente com três sílabas: uma sílaba OM branca na parte superior, uma sílaba AH vermelha no meio e uma sílaba HUM azul na parte inferior. O significado destas três sílabas é o mesmo da autovisualização. Elas são a personificação de bênçãos, sabedoria, conhecimento e as mais nobres qualidades de corpo, fala e mente de todos os Buddhas e *bodhisattvas*. Visualizamos assim para que, em vez de pensar na *torma* como algo limitado e imperfeito, pensemos nela como perfeita e completa.

O OM branco dissolve-se no AH vermelho, e o AH torna-se branco com um brilho vermelho. Em seguida, o AH dissolve-se no HUM azul, que dissolve-se em luz de todas as três cores. Enquanto se dissolve, tornando-se *amrita*, preenche todo o vaso de oferenda, que é inconcebivelmente vasto e espaçoso. A *amrita* é branca, com um leve tom azulado, e irradia luz vermelha.

Este vasto oceano de *amrita* é perfeito em todos os sentidos. É um oceano de tudo o que é desejável. Tem um gosto tão bom quanto o que há de mais saboroso; ele parece tão bom quanto qualquer coisa poderia parecer; cheira tão bem quanto qualquer coisa poderia cheirar. Sentir o seu aroma, apenas por um instante, proporcionaria à mente experimentar a alegria incomensurável. É delicioso e nutritivo, além de incomparável. Ter apenas uma gota sustentaria alguém com saúde, força e vitalidade por muitos anos, e isso seria verdadeiro para qualquer pessoa. Assim, seu aroma, seu sabor e seu valor nutritivo conseguem superar qualquer coisa deste mundo.

Nesse momento, recitamos o mantra OM AH HUM três ou sete vezes. Habitualmente nós o fazemos três vezes. Enquanto recita, imagine a *amrita* sendo batida, como o lei-

A roda que realiza todos os desejos

te sendo batido. É como estar mexendo com uma concha – a parte superior vai para baixo da parte inferior e a parte inferior vem até o topo. Tendo feito isto três vezes, tudo estará completamente misturado. Há um *mudra* que se usa com isso, trazendo o topo para a base e da base para o topo. A comida está agora pronta para os convidados.

Depois de preparar a oferenda, você, convoca os convidados. A partir da sílaba TAM em seu coração, você irradia luz nas dez direções. A luz vai para todos os reinos puros em todas as direções, convidando Tara no reino de Potala, ao Sul, e todos os Buddhas e *bodhisattvas* e seus séquitos. Uma vez convidados, eles imediatamente tomam lugar no céu à sua frente, enquanto você recita o mantra BEDZRA SAMADZA e faz o *mudra* adequado. Tara é a principal entre eles, e é cercada por todos os outros Buddhas e *bodhisattvas* e seus séquitos de *dakas*, *dakinis*, protetores do Dharma. O mantra BEDZRA SAMADZA significa "Por favor, venham pelo seu compromisso imutável de beneficiar todos os seres".

Então você diz o mantra PEMA KAMALA YA SA TAM, que literalmente significa "Um assento de lótus para você", com o *mudra* adequado. Com esse mantra e com esse gesto você está oferecendo assentos de lótus brancos e solicitando que se sentem exatamente como faria com qualquer convidado. Pense que eles permanecem à vontade no céu à sua frente.

Tendo-os acolhido e oferecido para que se acomodem, você está pronto para servi-los. Você pensa que, a partir da sílaba semente em seu coração, emergem inúmeras deusas de oferendas. Todas elas são acompanhadas pelo *mudra* PEMA KAMALAYA SATAM, e estão segurando vasos menores de materiais preciosos colhidos a partir do grande vaso com um pouco de néctar. Uma deusa de oferenda passa à frente de cada destinatário da *torma*.

Ao repetir o mantra OM TARE TUTTARE TURE IDAM BALING TA KAKA KAHI KAHI três vezes, você pede a Tara para tomar a *torma*. Este mantra termina com as palavras IDAM BALING TA KAKA KAHI KAHI, que significa: "Comam, comam, comam por favor, por favor comam desta *torma*". Em seguida, ao repetir o mantra OM AKARO MUKHAM SARWA DHARMA NAMA DE NU-TPEN NATO TA OM AH HUM PEY SOHA três vezes, você convida a todos os Buddhas e *bodhisattvas* e seus séquitos a participar. O significado deste mantra é "Porque todas as coisas são não nascidas, AH é a primeira letra". Embora muitas vezes seja utilizado como um mantra de consagração, aqui é usado como um mantra de oferenda. O *mudra* de oferenda pode ser utilizado com ambos os mantras. Em seguida, a língua de cada uma das divindades assume a forma de um *vajra* de cinco pontas. O núcleo, ou pino axial, é oco como um canudo, e eles sorvem a *torma* sugando-a através deste canudo. Da mesma forma que se poderia beber um refrigerante.

Por fim, fazemos as oito oferendas de água potável, águas balneares, flores, incenso, luz, perfume, comida e música para Tara e a assembléia de Buddhas e *bodhisattvas*. Isto é feito como foi explicado previamente. Você emana as oito principais oferendas das deusas, uma após a outra, cada uma das quais carregando milhares de deusas como ela. Elas fazem as oito oferendas a Tara e aos Budas e *bodhisattvas* reunidos no céu à sua frente[27].

---

27 Veja a explicação dada na seção intitulada "Realização da Divindade", começando na página 95.

Os louvores e orações solicitando
bençãos e *siddhi*

Depois que essas oferendas foram feitas, as deusas de oferendas emanadas fazem oferendas de louvores, enquanto você foca a sua mente na recitação da liturgia. Primeiro, há uma estrofe de louvor a Tara, e em seguida uma estrofe de louvor a todos os Buddhas e *bodhisattvas*.

A primeira seção dos louvores está em conexão com o nome de Tara, como manifesto nas sílabas do mantra TARE TUTTARE TURE. Primeiro ele diz: "Você é a mãe, TARE, que libera do *samsara*". Ela vai liberar qualquer um que se volta para ela em busca de refúgio dos sofrimentos do *samsara*. Este não é apenas o nome dela. É o que ela é em essência. Quem se volta a Tara com genuína confiança será liberado. Seu objetivo final é liberar-nos da existência cíclica.

TUTTARE é outro nome para Tara e expressa um outro aspecto de suas atividades. O texto diz: "Com TUTTARE você nos liberta dos oito perigos". Os oito perigos ou medos são as causas relativas temporárias de sofrimento. Portanto, o primeiro louvor com TARE descreve a liberação do *samsara* ou a fruição última. O segundo, com TUTTARE, descreve a liberação dos perigos relativos.

Os oito medos ou perigos em tibetano são conhecidos como *jikpa gye*. O primeiro é o medo de reis (*gyalpo'i jikpa*). Este é o perigo relativo a uma autoridade prejudicial – por exemplo, um ditador perverso. Ele é causado por alguém no exercício indulgente de sua autoridade. O segundo temor é o medo de fogo (*mel'i jikpa*). O terceiro é o medo de água (*chuyi jikpa*). O quarto é o medo de leões (*senge'ijikpa*). O quinto é o medo de elefantes (*langchen gyi jikpa*). O sexto é o medo de cobras venenosas (*gyijigpa dukdrul*). O sétimo é o medo de ladrões ou assaltantes (*chomkun gyi jikpa*). O oitavo é conhecido como o medo de canibais, isto é, dos seres humanos que comem humanos (*shaza'i jikpa*). Estes são seres em forma de seres humanos que comem seres humanos. Eles se assemelham a seres humanos, mas são muito maiores. Eles pegam as pessoas e as engolem, como um sapo comendo um inseto.

O termo tibetano *jikpa* significa literalmente "medo", mas também significa "dano", danos particularmente ameaçadores, por isso é muitas vezes traduzido como "perigo". Há um significado externo e um interno de cada perigo, por isso há oito perigos internos e oito perigos externos. Quanto ao significado exterior ou aparente, no mundo de hoje nós enfrentamos perigos do fogo, da água, de ladrões, e aqueles que ameaçam nossas vidas, mas os perigos de elefantes, leões e cobras venenosas são raros porque agora temos muito mais proteção contra eles do que as pessoas tinham no passado. Apesar de não estarmos sujeitos a alguns dos oito perigos exteriores da mesma maneira como no passado, ainda estamos sujeitos a cada um dos oito perigos interiores.

O primeiro medo é relativo aos reis. Este medo tem diminuído, mas ainda é um perigo considerável em algumas partes do mundo. O medo de reis, especificamente, se refere ao mau uso do poder de um rei, mas poderia referir-se a qualquer pessoa que tenha uma grande quantidade de poder. Em tempos passados, cada comunidade, país ou nação era dirigida por reis ou senhores da guerra. De acordo com a história, havia muitos reis que abusavam do poder e isso era causa de grande medo, perigo e danos às pessoas em todas as esferas da vida.

A roda que realiza todos os desejos

O significado exterior do medo dos reis é bastante literal, mas o sentido interior é mais sutil. Isso significa que somos dependentes de outros fatores. Nossa vida é controlada por preocupações mundanas e obrigações que, como os poderes de um rei, obriga-nos a fazer o que é importante. Nós não temos poder sobre nossas vidas. Nossas emoções - os nossos padrões neuróticos habituais – têm poder sobre nossas vidas. Amigos e familiares têm muito poder sobre nossas vidas. Nossas preocupações mundanas e necessidades habituais puxam-nos para longe, não deixando tempo para prosseguir a prática do Dharma. Esse é o significado interior do primeiro medo.

No segundo medo, embora seja raro ser prejudicado por fogo físico, muitas vezes estamos sujeitos a nos prejudicar pelo fogo da raiva. Raiva e ódio são muito graves. Os ensinamentos dizem que um momento de raiva pode destruir todo o mérito acumulado em um *kalpa* inteiro. Assim, a raiva é mais destrutiva do que o pior dos incêndios. É como uma situação em que uma boa semente que tem o potencial para crescer é queimada. Seu benefício potencial é perdido.

Terceiro, o risco de danos pela água é pequeno, especialmente se você compará-lo com o perigo da água do apego. Nós estamos tão imersos nos padrões habituais de apego que somos como uma pessoa que está se afogando. O poder da "água do apego" segue puxando-nos para baixo. É muito difícil nos libertarmos do seu poder. Apesar de sabermos que precisamos perseverar no Dharma e engajar-nos completamente, assim como o grande iogue Milarepa, estamos nos afogando apegados aos nossos corpos e nossos bens, nossas famílias, nossos amigos – apego a tantas coisas e de várias maneiras, tanto grosseiras como sutis.

Khenpo Karthar Rinpoche

Quarto, mesmo que não haja perigo de leões, nós estamos continuamente sujeitos aos danos do orgulho leonino. Como a pose de um leão, temos essa pose de orgulho em nós. O orgulho é uma séria tendência habitual e é fonte de grande privação. Priva-nos do que é saudável e responsável. Quando inflados e obscurecidos pelo sentimento de "eu sei tudo" ou "eu sou o melhor", não estamos abertos para o que deve ser apreciado e apreendido ou para o que dá sentido à vida. Não podemos sossegar e ter os pés no chão. Oprimidos pelo padrão habitual do orgulho, perdemos clareza e compaixão.

Há todos os tipos de orgulho – orgulho nacional, orgulho da juventude, beleza, família, raça, riqueza, posses, fama ou popularidade. Independentemente de onde ele se fundamente, sentimo-nos como sendo melhores ou superiores aos outros. Quando estamos inflados pelo padrão habitual de orgulho, isto impede nossa capacidade de ver as coisas como elas são ou de ter preocupação com os outros. Há uma máxima que diz "na bolha do orgulho, a água do conhecimento não pode penetrar". Se você derramar água sobre uma rocha esférica esperando que ela não escorra, você vai se decepcionar.

O quinto é o perigo em relação aos elefantes. Como isso pode se aplicar a nós? Eu não vi nenhum elefante desde que vim para este país, exceto um casal no zoológico, e eles não eram muito assustadores. Mas o elefante da ignorância é uma séria ameaça. O elefante é simbólico porque tem um corpo tão enorme, olhos relativamente pequenos e enxergam pouco. Da mesma forma, o que sabemos comparado ao que não sabemos, ou sabemos de forma incompleta, é muito pouco. Por causa de nossa ignorância, deixamos de perceber as coisas clara e diretamente como são.

A roda que realiza todos os desejos

Isso é muito prejudicial porque deixamos de fazer o que devemos fazer e nos tornamos indulgentes em relação ao que deveríamos fazer. Nós não compreendemos o que devemos aceitar e o que devemos rejeitar. Em última análise, isso é causa de grande sofrimento. Por exemplo, até mesmo um elefante louco não poderia levar-nos a renascer no sofrimento sem fim dos reinos inferiores. O pior que um elefante poderia fazer seria nos matar, afetando apenas uma vida. Mas o elefante da ignorância pode causar nascimentos intermináveis em estados inconcebíveis de sofrimento.

O sexto é o perigo de cobras. Ocasionalmente a cobra real pode ser ameaçadora, mas é raro encontrar esse risco hoje em dia. Há, no entanto, uma cobra que sempre nos acompanha e tem feito isso há longo tempo. Esta cobra é até mesmo muito mais perigosa do que a mais venenosa das cobras. É a cobra do ciúme ou da inveja. Esta serpente causa tremendos danos, produzindo conflitos e desavenças entre indivíduos, grupos e até mesmo entre nações. O ciúme é uma das tendências habituais mais prejudiciais. Ele provoca raiva e ódio. Traz grande prejuízo para si mesmo, para os outros e destrói vastas reservas de mérito.

O sétimo é o medo de ladrões. A maioria de nós não tem muito a ser roubado, o pouco que temos não está em grande perigo de ser roubado, mas há um grande ladrão junto a nós que constantemente nos segue, por onde quer que sigamos, como um parasita. Ele é a preguiça. Ele aparece em várias formas. Às vezes, procrastinamos. Às vezes, ficamos distraídos. Às vezes, encontramos uma desculpa em vez de seguirmos em frente com o que sabemos ser benéfico. Para muitos, a maior parte do tempo que poderia ter sido gasto em coisas significativas é roubado pela preguiça. Embora pareça inofensivo no momento, é um dos mais insidiosos e nocivos dos padrões habituais e que pode, ao contrário de um ladrão que o rouba uma vez, voltar repetidas vezes. Na verdade, a preguiça é como um criminoso notório. Ele sempre sabe como fugir, e por sua causa, muitos danos são produzidos.

Uma vez que o nosso antídoto mais eficaz contra a preguiça é meditar sobre a impermanência e a morte, devemos praticar o tanto quanto possível e de forma urgente. Para qualquer um que nasce, a morte é inevitável e não há certeza de quando ela virá. Se meditarmos sobre essa constatação, ela se torna completamente familiar para nós. Dessa forma, não teremos nenhum outro pensamento que não seja estar preparado para ela. Tendo isso como base para sua prática, você não terá problemas para manter uma vigilância constante sobre as atividades de seu corpo, fala e mente, com o propósito de superar esse inimigo devastador de longa data.

O oitavo é o medo de canibais. Novamente, isso é pouco conhecido hoje em dia. Há muito tempo, no entanto, isto foi uma terrível realidade. Há 900 anos atrás, houve um grande temor de canibais. Às vezes, aldeias inteiras eram completamente destruídas por eles. Do ponto de vista budista, os canibais foram eliminados principalmente por meio da atividade desperta de Guru Padmasambhava. É dito em ensinamentos budistas que até hoje ele protege os seres do perigo dos canibais. Canibais tomam uma forma particular por causa do karma negativo e prejudicial que eles acumularam, e desta forma eles destroem muitos seres.

Não tendo visto, ouvido ou sido objeto de tal coisa, você pode pensar que isso não é uma grande ameaça. Esse tipo de pensamento é baseado na ignorância de pensar que tudo o que não se sabe ou que não se tenha visto provavelmente não existe. Mas, definitivamente, canibais existem. E mesmo que eles literalmente não venham e nos devorem, não estamos livres dos nossos padrões canibalísticos, como a dúvida e a hesitação.

É assim: todos nós temos a habilidade e o potencial para alcançar o despertar. Não só isso, temos os métodos profundos para realizar isso, os quais tiveram sua efetividade testada ao longo do tempo e da história. Nossa situação não poderia ser melhor. Dúvida e hesitação são expressões insidiosas da mente ignorante que está constantemente nos privando de confiança para apreciar e tirar proveito disso. Não só isso, nós nos sentimos carentes. Não confiamos nem em nós mesmos. Embora sejamos dignos e capazes, pensamos que não somos e, por isso, não fazemos nada.

Mesmo para aqueles que, sinceramente, praticam o Dharma dia e noite, o padrão habitual de dúvida espreita e nos acerta inesperadamente. À medida que tentamos embarcar no caminho corretamente, isso vem sem ser convidado. "Isso poderia ser verdade? Talvez não seja". Dúvidas nos distraem com muitas opções. "Talvez seja melhor fazer isso", empurrando-nos a agir de acordo com nossas tendências habituais. Se alguma coisa é estranha às nossas tendências habituais, logo isso nos leva a pensar que algo deve estar errado. Talvez pensemos, "será que alguém como eu poderia fazer isso?" e nos afastamos. Isto nos engole no sentido de que nos priva da confiança para aproveitar a oportunidade preciosa de alcançar a iluminação. Isso nos rouba o nosso maior benefício. Nada poderia ser mais monstruoso do que a dúvida, esta destrutiva expressão da mente ignorante pronta para destruir-nos a qualquer momento. Se sinceramente confiarmos em Tara, ela vai nos libertar de todos estes oito perigos.

Continuando com as louvações do texto, é dito: "Com TURE você se protege de todas as doenças". TURE expressa outro aspecto das atividades despertas de Tara. Qualquer pessoa que, com sinceridade e com confiança genuína voltar-se para Tara poderá livrar-se de qualquer tipo de doença.

Estamos oferecendo louvor, em conformidade com o que é Tara. O louvor é diferente da bajulação. Significa expressar as boas qualidades do outro, bem como reverenciar as qualidades nobres. Como expressão disso, você não só oferece elogios a Tara, mas também prostrações com as palavras "Eu louvo e me curvo à mãe, que liberta".

A estrófe seguinte é dirigida a todos os budas e *bodhisattvas* que com sua luz branca ou brilho de sua compaixão beneficiam todos os seres sencientes. A luz branca refere-se à atividade de Tara, que é vigorosa e calma e beneficia todos os seres. Tara é a mãe de todos os budas e *bodhisattvas*, que são a única fonte de refúgio e proteção para os seres sencientes, os quais, sem eles, seriam desprovidos de protetores. Uma vez que os concebeu, ela é inseparável e possui a mesma natureza essencial deles. Desta forma, nós nos curvamos em profundo respeito a todos os budas e *bodhisattvas*.

Essas louvações não são apenas poesia. São a expressão sincera de agradecimento das qualidades autênticas e da atividade de Tara, assim como de todos os budas e *bodhisattvas*. Durante estes louvores e as orações que se seguem, você pode tocar seu sino a cada quatro linhas[28].

---

28 É tradicional, na maioria das práticas, bater o sino no final de cada quarta linha durante louvores, orações de auspiciosidade e em elabora-

O que se segue é um conjunto tradicional de estrofes que são recitadas na maioria das práticas em que oferecemos *torma*. Elas começam com a frase "Por favor, aceite esta *torma* de oferenda e generosidade". Você se refere a ela como uma *torma* de oferenda porque é oferecida a todos os budas e *bodhisattvas*. Entretanto, você também se refere a ela como uma *torma* de generosidade porque consideramos que a *torma* é recebida por todos os seres sencientes e também alivia os seus sofrimentos.

Em seguida, temos as orações de pedidos para a assembleia de divindades. Com profundo respeito, nós oramos para que sua atividade iluminada conceda a todos nós praticantes[29] e a todos aqueles ligados a nós[30], grande prosperidade – como boa saúde, longa vida, poder, riqueza, boa reputação e

---

das estrofes de oferendas. O sino é também tocado no final das oito oferendas tradicionais (argham, padyam, etc.), Quando a música (*shabda*) é oferecida. [Ed.]

29 No texto a palavra é, na verdade, *naljor,* que foi livremente traduzida aqui como "praticante", assim ela se aplicará a todos nós, que estamos fazendo esta prática. No entanto, *naljor* é geralmente traduzido como "*yogi*". Yogi é uma palavra sânscrita que significa "alguém que tem totalmente integrado o caminho". *Yogis* têm uma compreensão intelectual do Dharma, e eles sabem como conduzir seu corpo, fala e mente em sua prática. Seu conhecimento dos métodos não é algo estranho a si e que eles tentam aplicar a seu corpo, fala e mente. Sua compreensão é totalmente integrada e posta em prática e, portanto, eles podem expressar aspectos do corpo, da fala e da mente iluminados. Só então é apropriado para alguém ser chamado um *yogi* ou *yogini*. Enfatizo isso porque estou preocupado que, se todos são chamados um *yogi* ou *yogin*i, seria o mesmo que chamar a todos de "lama". Este é um engano em que muitos indianos e nepaleses têm incorrido. Eles desenvolveram a noção de que todo praticante tibetano que eles vêem é um lama.

30 Literalmente, é dito aqui "séquitos aos quais estamos ligados e para quem devemos orar".

Khenpo Karthar Rinpoche

boa sorte. "Grande Prosperidade" não significa apenas riqueza. Significa ter tudo o que você e outros seres precisam ter para uma vida boa. A palavra traduzida como "poder" realmente significa algo mais do que isso. Significa o "domínio" – estar no controle, não permitir que sejamos varridos pelas situações nas quais não temos nenhum controle.

Ao pedirmos poder, influência e boa reputação, buscamos a capacidade de beneficiar os outros. Ao desejar "boa sorte", referimo-nos a uma época ou a um tempo. Quer dizer, "Que os tempos em que vivemos sejam afortunados", não apenas para nós, mas para todos. Que seja um tempo de prosperidade e de bem-estar e não de desastres e miséria. Estes são os *siddhis* relativos que se aspira para si mesmo e para os outros.

Em um nível último, pedimos a Tara e a todos os budas e *bodhisattvas* para conceder-nos a capacidade de beneficiar os outros, concedendo os *siddhis* das quatro atividades: pacificadora, enriquecedora, magnetizadora e subjugadora. Estas são as atividades dos seres iluminados que são utilizadas para beneficiar os seres sencientes em número ilimitado. No entanto, para adquiri-las e ser capaz de utilizar tais habilidades, sua motivação deve permanecer completamente altruísta. Se você tentar usar qualquer uma delas de forma egoísta, especialmente magnetizadora e subjugadora, isso se torna autodestrutivo.

Por fim, pedimos àqueles que possuem *samaya* para nos proteger. *Samaya* refere-se ao compromisso com os ensinamentos. Neste contexto, "aqueles com *samaya*" refere-se especificamente aos seres que ainda não estão despertos, mas têm uma relação benevolente com os ensinamentos de tal forma que fizeram o compromisso de proteger os ensinamentos e os praticantes dos ensinamentos. Eles não são necessariamente seres humanos. Protetores como Mahakala, na presença dos budas e *bodhisattvas*, prometeram aparecer, assistir e proteger dessa maneira. Com efeito, eles disseram: "Vou tomar esse compromisso como sendo o meu principal dever".

Dirigindo-se dessa forma a eles, você diz: "Por favor, ajudem-me a alcançar todos os *siddhis*". *Siddhi* refere-se à realização comum de pacificação, enriquecimento, a longevidade e assim por diante, bem como a realização suprema, além da habilidade de conduzir os outros seres à liberação. Ainda que os seres de *samaya* ainda não sejam despertos e, portanto, não possam conferir-nos esse tipo de realização, ou seja, especificamente a realização suprema, eles podem nos ajudar a adquirir tais realizações, removendo impedimentos que, caso contrário, poderiam representar obstáculos para nós.

Em seguida você pede proteção contra a morte prematura e a doença. A diferença entre a morte oportuna e a morte prematura é difícil de ser percebida por uma pessoa comum. Se alguém morre em um acidente, pode ser uma morte prematura ou oportuna, dependendo do karma da pessoa. Se acontece de forma súbita, num nível relativo, pensamos nisso como sendo um evento prematuro. No entanto, a menos que tenhamos uma visão capaz de reconhecer se o evento envolve ou não o amadurecimento de um karma, não é algo que possamos saber. A morte prematura significa que ela poderia ter sido evitada se alguém tivesse aplicado o remédio preventivo adequado. No caso de uma morte oportuna, ela não pode ter sido impedida, não importa o que façamos.

Infelizmente, a maioria das mortes é prematura. Muitas ocorrem por causa de más circunstâncias que poderiam ter sido evitadas se tivéssemos tomado as precauções adequadas. Tínhamos certo controle, mas não fizemos uso disso. Por exemplo, poderíamos ter procurado tratamento médico, feito preces, realizado e/ou patrocinado ações meritórias que teriam evitado a morte por eliminar as circunstâncias desfavoráveis.

Em suma, na morte prematura o potencial de vida não é alcançado. Um exemplo disso pode ser o de um carro que é projetado e fabricado para durar um certo número de anos ou milhas. Normalmente ele duraria muito tempo, mas se o carro for danificado num acidente, não alcançará esse potencial. Isso é o que chamamos de esgotamento prematuro do carro.

Então você suplica pela liberação de *döns* e obstáculos. Geralmente, um *dön* é um obstáculo relacionado à direção ou ao momento. É, por natureza, astrológico. Tem a ver conosco – algo vai mal em nosso relacionamento com os elementos em nossos corpos e os elementos do mundo. Algo vai mal. Por exemplo, mesmo que um presente seja dado com boas intenções, ele ainda pode ter um efeito negativo ou prejudicial sobre nós, se estivermos voltados em determinada direção ou se o sol estiver em uma posição especial. O presente pode ser dado com boas intenções, e o efeito negativo não ter nada a ver com o que é dado ou com quem o deu para nós. Algumas pessoas podem pensar que indica que em tal situação o presente estava com más intenções, mas tem mais a ver com o momento e com a nossa conexão com o mundo. Se a mesma coisa tivesse sido dada a outra pessoa, ela poderia ter desfrutado dele sem maiores danos. É um tipo de revés. Também pode se referir a seres não humanos presentes que são caprichosos na sua relação conosco e não são confiáveis, mas são ardilosos e ligeiramente destrutivos.

"Obstáculos" se referem a situações de algo interno ou externo que se coloca no caminho de algo que deve ser realizado. O termo "obstáculo" também pode se referir a seres humanos ou não-humanos que são maliciosos e sem razão aparente tentam ferir as pessoas e obstruí-las, impedindo que as coisas ocorram normalmente para elas.

Em seguida, você solicita a liberação de sonhos ruins, maus presságios e ações nocivas. Sonhos ruins aqui não significa simplesmente "eu não quero ter sonhos ruins, pois isso vai perturbar o meu sono". Significa "eu não quero ter sonhos ruins que são nefastos e indicam que algo negativo vai acontecer no futuro". Você não está apenas pedindo para o sonho não ocorrer. Você também está pedindo que o episódio contido no sonho não ocorra.

Maus presságios devem ser entendidos da mesma forma. Maus presságios não são superstições. Eles são baseados em algo que atualmente acontece. Por exemplo, um animal selvagem pode entrar em sua casa. Este é um presságio de que algo vai acontecer. Você está pedindo para que não haja presságio e, portanto, que nada cause perda ou sofrimento. A implicação aqui é que, quando o sinal ou presságio é eliminado, então o que quer que estivesse para acontecer é também eliminado.

Ao solicitar a liberação de ações prejudiciais, você aspira que nenhuma de suas ações se torne prejudiciais para si ou para outras pessoas por qualquer motivo. Por você ser um praticante, espera-se que você se engaje apenas em boas ações – mas sob determinadas circunstâncias, mesmo as ações feitas com boas intenções podem se tornar prejudiciais. Portanto, finalizando esta solicitação, você aspira que nenhuma de suas ações resultem em qualquer prejuízo possível.

Na última estrofe costumamos fazer aspirações para o bem-estar do mundo. Estes são desejos auspiciosos tradicionais para que a boa fortuna permeie todos os lugares e que nunca exista uma época em que algo auspicioso não esteja presente. Estas são grandes aspirações de bem-estar para todos em toda parte, livre de danos para si mesmo e para os outros, e livres de qualquer coisa não-virtuosa. Você não apenas limita suas aspirações para o benefício espiritual dos seres, mas faz desejos para o bem-estar geral, rezando para que o sustento espiritual e físico floresça. Para resumir, você diz: "Por favor, realize todas as nossas aspirações".

Neste ponto da recitação, se você preparou uma *kartor,* você deve oferecê-la. Vale a pena mencionar que existem diferentes tipos de *tormas*. Assim, o que será feito nessa etapa da prática depende da situação. Se você tem uma *torma* branca elaborada, vai precisar de uma *torma* de renovação que, em tibetano, é chamada de *torsu*. Antes de começar a prática, ela é colocada, perto da *torma* elaborada que está no seu altar. Tradicionalmente, o *torsu* é um simples pedaço de manteiga enrolada de massa, mas você pode usar um biscoito ou bolacha em vez disso, se preferir. Com a renovação da *torma*, você está adicionando diariamente um pouco mais de oferenda a cada dia. Ou seja, você não estará oferecendo a mesma coisa todos os dias. Esta oferenda não deve ser retirada. Ela permanece em seu altar perto da *torma* permanente.

Em seguida, se tivermos decidido fazer a configuração mais elaborada, além da *torma* branca elaborada e da *torma* de renovação, teremos uma *torma* branca simples,

A roda que realiza todos os desejos

chamada *kartor,* no altar. Nesse momento, levantamo-nos e oferecemos a *kartor.*

Se você é um simples *yogi* – ou seja, um pouco menos rigoroso sobre rituais formais –, então você provavelmente terá a *torma* elaborada e simplesmente fará uso da *torma* de renovação. Neste caso você não terá uma *kartor* separado para oferecer e, portanto, não terá que se levantar para oferecê-la. Alternativamente, se você desejar fazê-lo da forma mais simples possível, não terá a *torma* elaborada e tampouco a *torma* de renovação. Nesse caso, você só terá uma *kartor,* e irá se levantar para oferecê-la neste ponto na prática.

Em seguida seguem-se as orações de desfecho. Nas estrofes com versos explicamos nossas súplicas gerais. Aqui, em uma liturgia não explícita e, portanto, mais direta e íntima, você pede a Tara para lhe dar o que você mais deseja. Você diz, "Nobre Tara, por favor, conceda-me todos os *siddhis* supremos e comuns". "*Siddhi* supremo" refere-se à realização da iluminação, o estado de Buda completamente livre de manchas ou contaminação. "*Siddhi* ordinário" inclui tudo o que você precisa para a prática a fim de alcançar o *siddhi* supremo – saúde, necessidade de equipamentos, conforto, oportunidade e assim por diante. Portanto, o desejo para o *siddhi* relativo é a aspiração de todas as condições positivas para a prática do Dharma.

Apesar de você ter solicitado isto anteriormente, aqui enfatizamos a proteção contra os obstáculos ou perigos presentes e futuros que criem condições desfavoráveis para a prática. Por fim, você pede "o dom supremo de uma vida longa de atividade no Dharma". Para realizar seus objetivos no Dharma, que é de grande benefício para si mesmo e para os outros, uma vida longa e boa saúde são essenciais.

Isso conclui a oferenda de *torma*.

O SIGNIFICADO DA OFERENDA DE *TORMA*

Para tudo isso fazer sentido, você precisa entender o significado da oferenda de *torma*. A palavra "*torma*" significa muito mais do que o seu sentido literal. Em sânscrito, *torma* é "balim", que significa "poder". Em tibetano, a palavra *torma* refere-se a uma oferenda que é posteriormente jogada fora. Olhando para ela externamente, você está oferecendo um bolo estilizado ou um pedaço de massa. Você poderia pensar que isso tudo é um exagero para algo irrelevante. No entanto, ela tem um grande significado e é por isso que temos oferenda de *torma* na maioria das práticas.

Se fracionarmos a palavra em componentes etimológicos, a primeira sílaba "*tor*", literalmente significa "jogar fora ou dispor de alguma coisa". Isso dá o significado básico de "descartáveis" ou "inútil". "*Tor*" significa jogar fora ou se livrar de tudo que você precisa se livrar – de todo o sofrimento e das causas do sofrimento – toda dificuldade, dor, ansiedade e assim por diante. Portanto, quando você oferece uma *torma* e a joga fora, o que você está realmente fazendo é se livrando de tudo que você precisa se livrar.

A segunda sílaba é "*Ma*". Neste caso, "*Ma*" é mais do que apenas um final feminino à palavra, tornando-a um substantivo. Neste caso, *ma* significa "mãe". Isso significa que, através da oferenda de uma *torma,* você cria uma situação ou conexão com Buddhas e *bodhisattvas* por meio da qual eles lhe dão tudo que você precisa, como uma mãe dá a seu filho comida, roupas, um lugar para viver e amor maternal e assim por diante. Desse modo, a palavra *torma* significa mais do que simplesmente "descartável". Significa

A roda que realiza todos os desejos

um processo ou prática por meio da qual você elimina ou se livra de tudo o que você precisa se livrar e adquire tudo o que precisa por meio da generosidade de sua mãe.

É importante compreender isso. Caso contrário, tal prática pode parecer uma tolice cultural da tradição. Na verdade, a prática é o cultivo de uma atitude e um processo baseado nessa atitude. Como você viu, a oferenda física daquele pequeno pedaço de massa é consagrada. A consagração em essência consiste em uma completa e fundamental transformação de sua atitude em relação à oferenda. Isto é sua percepção dela. É a sua percepção da *torma* e a atitude que você tem em relação a ela, bem como a motivação com a qual você a oferece a todos os budas e *bodhisattvas*, que a transformam de um simples pedaço de materiais comestíveis em uma base de súplica muito eficaz. Tenha isto em mente ao considerar a prática de oferecimento de *torma* e lembre-se que isto é muito mais do que parece superficialmente.

APOLOGIA E SOLICITAÇÃO PARA AS DIVINDADES PERMANECEREM

Tendo solicitado o *siddhi* supremo e comum para que você possa praticar o Dharma sem obstáculos, segue-se um pedido de desculpas. Ele tem duas partes. Na primeira, recita-se o mantra de purificação de *Vajrasattva* três vezes. Este mantra é a maneira mais eficaz de purificar e reparar deficiências e falhas em sua prática. Para que seja eficaz, é importante reconhecer sinceramente essas deficiências e ter um desejo genuíno de repará-las. Podem ocorrer falhas em sua prática se as oferendas estiverem incompletas ou impuras, se você tiver recitado o mantra incorretamente, se sua mente tiver vagado durante a prática, ou caso os pensamentos nocivos ou pensamentos de tendências emocionais habituais resultantes tiverem surgido e assim por diante. Essas falhas podem prejudicar a sua prática caso não sejam purificadas.

Em segundo lugar, você recita a estrofe tradicional de pedido de desculpas. O ponto essencial aqui é reconhecer abertamente a possibilidade de que sua prática tenha tido alguma falha. Lembre-se que, ao referir-se ao que quer que seja "defeituoso ou falho", você não está apenas tratando das imperfeições materiais, mas do aspecto mental da prática também. Porque o que há de mais importante na apresentação de *torma* é a sua atitude para com ela. Esta é a base para a consagração, a oferenda e as orações. Obviamente, se você estiver distraído por pensamentos ou emoções negativas, não vai ser tão eficaz quanto o contrário. Para que tal falha possa ser corrigida, é importante admiti-la.

Com efeito, o que você está fazendo aqui é reconhecer o fato de que você ainda é um ser senciente ignorante. Você pode até não se lembrar ou estar ciente de quaisquer deficiências, mas sinceramente reconhece falhas e falhas potenciais para que possam ser purificadas e, dessa forma, sua prática possa ser tornar inteira ou completa. A quem você dirige este pedido de desculpas? "Eu peço a paciência dos protetores com tais falhas". Por "protetores" referimo-nos aos Buddhas, na sua qualidade de protetores. Dessa forma, estamos nos referindo à Tara e a todos os budas e *bothisattvas* e outros seres que tenham sido convidados para receber a *torma* e suas orações.

Imediatamente após a parte final da oferenda de *torma*, solicitamos à Tara e sua assembléia que permaneçam inseparáveis do local de prática. Quando isso é feito, você tem o que é chamado de "suporte". Esta seria uma imagem ou alguma outra base física para a veneração da divindade. Um suporte pode ser qualquer coisa que você normalmente põe em um altar, como uma representação do Buda ou do Dharma. Pode ser uma imagem, como uma pintura ou uma estátua, mas pode haver outras coisas também, como um livro do Dharma. Não tem que ser necessariamente uma imagem da divindade particular cuja prática você está fazendo.

Neste ponto, você ora: "Por favor, permaneçam aqui juntos com o suporte por tanto tempo quanto existir o *samsara*". Com efeito, o que você está pedindo é que, enquanto todos os seres sencientes ainda não estiverem liberados, enquanto houver seres sofrendo, a fim de continuar a ser ativo em beneficiar e liberá-los, para que não se afastem, fiquem aqui inseparáveis desse suporte.

Finalmente, você ora: "Permaneçam aqui, por favor, concedam a liberdade da doença, a vida longa, o domínio e tudo de melhor". Liberdade de doença e longevidade é óbvia. "Domínio" refere-se à capacidade de controle de sua situação. "Tudo de melhor" significa que todas as situações possam se desdobrar tão bem quanto possível em todos os sentidos, para você e para todos os seres sencientes, conduzindo ao *siddhi* supremo ou despertar. Por esta razão, normalmente esta expressão é traduzida como "*siddhi* supremo".

Não se deve considerar, entretanto, que os budas e *bodhisattvas* só vão ajudar os seres sencientes se pedirem e não vão ajudar se não o fizerem. No entanto, o que eles podem fazer para ajudar é muito limitado caso não sejamos receptivos a essa ajuda. Portanto, essencialmente, o que estamos fazendo quando pedimos para permanecerem, é tornarmo--nos receptivos à sua ajuda. Embora eles sejam imparciais, é necessário pedir, pois eles serão mais eficazes em beneficiar alguém que assim o faça. Como exemplo disto, não importa o tipo de líquido que você tenha, se você derramá-lo sobre uma rocha impermeável, ele não vai penetrá-la. Isso não é culpa do líquido. O líquido não se recusa a penetrar na rocha. É a rocha que se recusa.

Para concluir o convite, você recita o mantra OM SUTRA TIKTRA BEDZRA YE SOHA. Isto significa, "Por favor, fique aqui em um estado de indestrutibilidade". Através da junção de sua sinceridade em fazer estas orações e das excelentes qualidades de Tara, Tara e sua assembléia de budas e *bodhisattvas* tornam-se inseparáveis e dissolvem-se no suporte que você escolheu.

Quanto aos outros seres, protetores e guardiões de *samaya*, dentre outros que acompanham os budas e *bodhisattvas* e que também receberam a *torma*, você assume a atitude de um anfitrião de cerimônia e, dessa forma, gentilmente convida-os a retornarem para onde quer que vivam. Assim como depois de uma festa, quando alguns dos convidados saem felizes e talvez um pouco embriagados, eles partem com uma boa atitude e prometem continuar a protegê-lo. Por terem recebido sua oferenda de *torma*, seu compromisso com os ensinamentos aumenta ainda mais.

Pedir às divindades para permanecer tem um grande significado. Os lugares onde o buda passou foram abençoados por sua presença, e acreditamos que, até hoje, milhares de anos depois, estes lugares são diferenciados de qualquer outro lugar, uma vez que o buda esteve ali presente. Ali ele ensinou e ali viveu. Se você pratica nestes locais, isto parece ser especial. O ambiente em si foi de alguma forma abençoado por sua presença e atividade. É favorável e edificante. De alguma forma, o lugar contribui para que possa trazer à tona o que há de melhor em você.

Não somente ali, mas nos lugares onde outros seres despertos ensinaram o Dharma, parecem possuir bênçãos e poder. É assim porque os mestres fizeram práticas da mesma natureza nesses locais. Da mesma forma, quando entramos em contato com um objeto que foi usado por algum mestre durante sua prática, ele tem um efeito de inspiração em nossa mente e em nossa prática. Isto também se baseia na distinção que os budistas fazem entre o que é chamado de região central e uma zona fronteiriça. No contexto budista isto não é nem geográfico nem etnocêntrico. A região central é qualquer lugar que tenha sido consagrado pela presença de atividade do Dharma. Uma vez que a atividade do Dharma esteja presente, consideramos ser uma região central. A região fronteiriça, por sua vez, é um local onde não há o Dharma.

Portanto, para que o lugar onde você pratica seja consagrado pelas divindades convidadas para receber a *torma*, você solicita que permaneçam, de modo que elas possam beneficiar não apenas a si, mas que continuem também a beneficiar a todos os seres daquele lugar. É por isso que nós trabalhamos com tanto esforço para a criação de suportes tais como imagens e livros, bem como colocamos tanto esforço em sua consagração.

A PRÁTICA PRINCIPAL: DEDICAÇÃO DE MÉRITO E ORAÇÕES DE AUSPICIOSIDADE

Após a oferenda de *torma*, seguimos para a última página da prática e recitamos a liturgia da dedicação de mérito e auspiciosidades. Primeiro dizemos: "Por esta virtude, que todos os seres sencientes sejam beneficiados" em certos aspectos específicos. "Esta virtude" refere-se não só à virtude dessa prática, mas também a toda virtude acumulada no passado, presente e futuro. O que se segue é um conjunto de coisas em relação às quais aspiramos liberdade para todos os seres sencientes e, em seguida, um conjunto de coisas que aspiramos que todos os seres sencientes possam possuir e, por fim, uma linha que resume tudo.

Em primeiro lugar, "possam todas as transgressões dos seres sencientes, obscurecimentos, falhas, quedas, *döns* e doenças serem pacificados". Destas, as quatro primeiras – ações negativas, obscuridades, falhas e quedas – estão muito relacionadas entre si. "Transgressão" refere-se a algo errado que tenhamos feito. Refere-se à ação. Embora chamemos isso de "transgressão" ou "ação negativa", seu caráter desagradável não é necessariamente óbvio para o praticante. Isto é, a pessoa não necessariamente sabe que é errado na hora que ele ou ela age dessa maneira. No entanto, como prejudica o seu destinatário, acarreta um registro na mente de ambos. Isto certamente vai causar-lhes sofrimento semelhante de maiores proporções no futuro, por muitas e muitas vezes. Por exemplo, é dito que se matamos alguém, seja humano ou animal, seremos mortos centenas e centenas de vezes, como resultado dessa única ação, vida após vida. Portanto, a pa-

A roda que realiza todos os desejos

lavra para transgressão em tibetano é *digpa*, que também é a palavra para escorpião, que significa "algo pungente e doloroso".

Ainda pior do que isso, a transgressão não só conduz a experiências de sofrimento, mas também leva a algo muito mais grave. É aí que a segunda palavra, "obscurecimento" (*dribpa*), aparece. Sempre que fazemos algo que prejudique alguém, obscurecemos ainda mais a nossa própria natureza básica – nossa própria natureza búdica primordial.

A raiz de tudo isso é o que chamamos de "falha" (*nyepa*). Isto significa que fizemos algo que não deveríamos ter feito. As falhas nos fazem experimentar sofrimento, tornando-nos ainda mais obscurecidos. Por fim, isto conduz a "queda" (*tungwa*). Significa que, por meio de ações negativas, nosso estado se degenera. Nós caimos e experimentamos cada vez mais renascimentos, cada vez mais sofrimento.

Por meio da virtude acumulada nos três tempos, oramos para que os seres sejam livres dessas quatro circunstâncias, bem como de doenças e *döns*. Em essência, estamos aspirando que todos os seres sencientes sejam livres do sofrimento, qualquer que seja a causa desse sofrimento e de tudo o que faz com que eles se afundem ainda mais em sofrimento e confusão. Com efeito, esta é uma oração para que os seres sencientes estejam livres de tudo o que os impede de serem capazes de entender ou praticar o Dharma.

Em segundo lugar, tendo esgotado todas essas condições negativas, em seu lugar nós oramos para que os seres desfrutem de longevidade, glória, mérito e sabedoria e rapidamente realizem o completo despertar. "Glória" tem o sentido de ser vitorioso sobre tudo o que é prejudicial a si mesmo, bem como alcançar o que é virtuoso e benéfico para si mesmo e para os outros. "Mérito" é uma conseqüência desta e é necessário para que surja a sabedoria. "A expansão da sabedoria" significa a revelação da sabedoria inata que habita no coração de cada ser.

Esta é uma consequência natural das aspirações que fizemos anteriormente. Quando todas as obscuridades produzidas por irregularidades forem removidas, a sabedoria inata será revelada. É como quando as nuvens são afastadas pelo vento e a lua se torna evidente. Ela não tem de ser criada. Ela já está lá. Ela é apenas revelada.

Quando a sabedoria inata é revelada, aquele ser no qual ocorre tal revelação se torna totalmente desperto. Este é o estado de Tara. Portanto, você resume dizendo: "Que eles possam rapidamente atingir a realização de Tara". A oração tem alguma urgência – que por meio deste mérito possam os seres sencientes realizar o estado de Tara rapidamente.

Através do poder das aspirações e de dedicatórias como esta, qualquer prática que fizermos irá contribuir para a acumulação de grande mérito.

Por fim, chegamos à oração de auspiciosidades. Uma vez que todos os budas são o mesmo, em certo sentido não podemos falar sobre o melhor Buda. No entanto, tendo em vista a função de Amitayus de prolongar a vida e trazer a liberação, poderíamos dizer, em certo sentido, que ele é o melhor dos budas. Assim, entre todos os budas, aquele renomado como sendo o supremo vitorioso é o buda de Luz Infinita, Amitayus. Neste caso, quando a liturgia se refere à Tara como sendo a mãe, não está se referindo especificamente ao fato de que ela é a mãe de todos os budas. Neste caso, a mãe é usada de forma mais simplificada para dizer que ela é o aspecto feminino do Buda Amitayus. Pode-se dizer que ela é o Buda Amitayus com a aparência de uma forma feminina.

A razão pela qual devemos considerá-la a forma feminina de Amitayus se deve ao fato de que ela "definitivamente confere imortalidade". Ela é a mãe que pode, sem dúvida, conceder aos seres a realização de um estado que é livre dos condicionamentos de nascimento e morte. Por isso, ela é a Bhagavati, que significa "buda". Ela é a própria consciência-lucidez, ou conhecimento, de como estabelecer os seres em um estado de pleno despertar ou imortalidade. Assim, ela é conhecida pelo nome de *Yishin Korlo* ou Roda que Realiza Todos os Desejos.

"Que haja a auspiciosidade da detentora da consciência-lucidez, a Bhagavati, a Roda que Realiza Todos os Desejos"! Sempre que o nome dela é ouvido em qualquer lugar, haverá auspiciosidade em todos os lugares por causa da grande bênção e inspiração que ela engendra. Assim, esta é uma oração auspiciosa para que sua atividade e suas aspirações se espalhem por toda parte sempre.

Isso conclui os ensinamentos sobre a prática diária geral de Tara Branca, a Roda que Realiza todos os Desejos. Há práticas mais elaboradas de Tara Branca. Esta prática envolve apenas uma autovisualização, enquanto as versões mais elaboradas têm uma autovisualização, uma visualização frontal e uma visualização do vaso na mandala da divindade. No entanto, isto não significa que esta abordagem mais concisa seja menos eficaz ou deficiente sob qualquer forma. Por si só, ela pode levar à experiência do despertar perfeito.

A aplicação da prática da Roda de Proteção

Nós completamos as instruções sobre a prática principal de Tara Branca, que consistem na fase de desenvolvimento, a recitação do mantra e a fase de conclusão. Quando você tiver alcançado qualquer nível de prática com o qual você se comprometeu, seja com base no número de recitações de mantras, praticando por um determinado período de tempo ou com base em marcas e sinais de realização, então você pode usar a prática da Roda de Proteção abaixo, para beneficiar a si mesmo e aos outros.

Idealmente, você deve completar um ou todos esses compromissos primeiro, porque isso vai permitir-lhe realizar com êxito as aplicações da prática. Esta prática da Roda de Proteção é uma dessas aplicações. Embora seja permitido praticá-la antes de completar os compromissos, a sua eficácia seria, nesse caso, bastante limitada. De qualquer forma, vou explicar a prática, de modo que você vai saber como fazê-la quando chegar a hora.

Este método é eficaz na eliminação de obstáculos repentinos ou dano a si mesmo ou aos outros. Para ilustrar como funciona, pense em uma situação em que subitamente comece a chover. Você abre imediatamente um guarda-chuva para se proteger da chuva. Da mesma forma, a prática Roda de Proteção é geralmente reservada para ocasiões onde existe uma necessidade especial para ela. Não é realizada normalmente como parte da prática diária. Não há nada de errado em fazer isso diariamente, mas não é necessário.

Aqui, a Roda de Proteção é inteiramente diferente do círculo de proteção visualizado como o perímetro exterior da visualização de base durante toda a prática principal. Quando você fizer esta prática, você a insere na prática principal logo após a dissolução da visualização antes de voltar a surgir como a divindade. Após dissolução, sua mente está descansando em um estado não-conceitual. Quando você começar a sentir o movimento do pensamento novo, em vez de ressurgir como Tara como faz normalmente, neste ponto, você vai imediatamente para a prática da Roda de Proteção descrita abaixo.

Em um instante, a partir da vacuidade, uma roda branca com dez raios aparece. Ao contrário da roda que você tenha visualizado em seu coração, esta roda não é plana e não tem borda. Na verdade, provavelmente é melhor não pensar nisso como uma roda em si, porque essa palavra é enganosa. Talvez seja melhor pensar em sua forma como sendo daqueles satélites que enviamos para o espaço, de forma redonda com várias pontas.

Imagine o eixo central como sendo uma enorme esfera de luz branca. Embora seja dito ter dez raios, existem apenas oito raios uniformemente espaçados em torno do horizonte. O eixo central é oco e circular, exceto que a parte superior e inferior são ligeiramente afinadas. Eles são, portanto, referidos como raios, perfazendo um total de dez raios. Os oito raios horizontais são como costelas, e afinam-se na ponta. Não há ruptura entre eles, mas há um arco entre eles como entre os ossos na parte superior da mão (como as membranas do pé de um pato [Ed.]). Os raios se organizam de forma circular, fazendo com que toda essa estrutura tenha uma forma circular vista de cima. O espaço dentro da roda e dos raios é oco e inconcebivelmente vasto. A roda é quase invisível, porque está girando muito rápido. Os oito raios estão girando tão rápido que eles são apenas um borrão branco, assim você só pode perceber essa estrutura como uma cerca de proteção no formato de uma bola. Esta é a razão pela qual o chamamos de roda. Ela gira em sentido horário. Os raios superior e inferior estão girando em torno de si. Dessa forma, são como um eixo.

No centro da Roda de Proteção você aparece como Tara Branca sentada em um disco de lótus e lua, com todos os mesmos adornos descritos para as visualizações durante a prática principal. Ela está marcada com as sílabas OM, AH, e HUM nos três lugares, e em seu coração está a roda de mantra com a sílaba TAM e o mantras raiz de longa vida, como antes. Amitabha é seu ornamento de coroa. Você não visualiza o palácio agora, nem o círculo vajra de proteção, como feito na prática principal.

Embora você deva visualizar as dez sílabas do mantra raiz de Tara em certos lugares na roda externa, isto é bastante diferente da visualização que você tem em seu coração. Acima de você está a grande sílaba OM e abaixo está uma grande sílaba HA, ambas dentro do círculo de proteção. Ligeiramente à frente do arco, no início de cada raio dentro da roda proteção, está cada uma das sílabas do mantra raiz: TA RE TUT TA RE TU RE SO. Estas sílabas também são muito grandes, porque o tamanho da roda e raios é enorme. Nenhuma das sílabas está se movendo, nem estão tocando a roda. A única coisa que está se movendo é a roda.

A partir do TAM no seu coração, brilhantes raios de luz emanam em sequência, um após o outro. Primeiro você irradia luz branca brilhando como cristal branco. Na segunda vez, a luz é amarela, brilhando como ouro puro. Na terceira vez, a luz é vermelha, brilhando como rubis. Na quarta vez, a luz é da cor do céu claro ao amanhecer, o azul é muito leve, quase cinza. Na quinta vez, a luz é verde, brilhando como esmeralda. Na sexta e última, a luz é escura ou azul real brilhando como safira. Em cada caso, os raios vão a todos os Budas e *bodhisattvas* das dez direções e fazem oferendas incomensuráveis. Ao mesmo tempo, os raios saem em direção a todos os seres nos seis reinos e beneficiam a todos, dotando-os de longevidade e tudo o que poderia ser desejado ou necessário.

Os raios de luz, em seguida, voltam trazendo de volta com eles as bênçãos e proteção de todos os Budas e *bodhisattvas*. Quando voltam, a maioria dos raios de luz é absorvido de volta para a sílaba-semente e a roda em seu coração. Isso faz com que você receba e, posteriormente, aumente e estabilize, as conquistas da pacificação, o enriquecimento, magnetização e dominação.

Entretanto, nem toda a luz retorna e se dissolve na roda em seu coração. Alguns dos raios permanecem fora da Roda de Proteção, e formam progressivamente camadas ou esferas concêntricas em torno da Roda de Proteção. Primeiro uma camada esférica de luz branco cristal forma-se, uma braça (seis pés) à frente das pontas dos raios da Roda Proteção. Isto contorna completamente a roda, mas não a toca em qualquer lugar. Embora a camada de luz branca seja leve, é muito intensa e contínua, de forma que se torna impenetrável. Nada pode passar por isto.

A uma braça fora da esfera de luz branca outra esfera de luz amarela é formada. Uma braça fora, então, outras esferas são formadas progressivamente rubi, azul claro-acinzentado, verde esmeralda e azul-safira; esferas de luz perfazendo um total de seis esferas de proteção de luz em torno da Roda

Proteção. Como antes, a distância entre cada camada esférica é de uma braça, ou cerca de seis pés. Embora elas sejam feitas de luz, as esferas são indestrutivelmente duras e fortes. Elas não têm fissuras ou aberturas de qualquer tipo, por isso não há possibilidade de que até mesmo a mais leve brisa possa passar por elas. Elas são escudos completos e absolutos.

Os espaços entre cada camada esférica concêntrica de luz estão completamente preenchidos com *utpala* de flores azuis recém desabrochadas. "Recém desabrochadas" significa que elas são como flores que se abrem ao amanhecer. Elas ainda têm o orvalho sobre si. As flores não estão espremidas ou esmagadas juntas. Elas têm um espaço entre elas. Esse espaço é fresco e generoso.

Todas as esferas de luz estão girando. Elas giram sobre o mesmo eixo e na mesma direção que a Roda de Proteção está girando. No entanto, as flores *utpala* entre elas não estão girando. Elas não estão tocando as esferas, e permanecem no lugar.

Mantendo esta visualização constantemente, você recita o mantra raiz de dez sílabas.

As diferentes luzes coloridas encarnam as quatro atividades iluminadas. A luz branco-cristal corresponde à atividade de pacificação. Ela pacifica o dano e o perigo. A luz colorida amarelo-ouro corresponde a atividade enriquecedora. Ela aumenta mérito, riqueza, bem-estar, e assim por diante. A luz cor de rubi corresponde a atividade de magnetização, através da qual se ganha dignidade, poder, esplendor e majestade, ou torna-se magnetizante. A cor de safira corresponde a atividade de subjugar. Esta é a atividade irada de destruir tudo o que é prejudicial, como o ódio. A luz verde esmeralda é uma combinação de todas as atividades acima mencionadas. A luz cinza-azulado é qualquer atividade que não seja as outras cinco.

Nada pode penetrar essa Roda de Proteção em várias camadas. Ela é indestrutível, como um campo de força impenetrável. Não há conflito, evento ou calamidade de qualquer tipo que possa violá-la ou afetá-la de forma alguma.

Para usar esta prática em benefício dos outros, visualize quem precisa de proteção abaixo de si, enquanto Tara, e dentro do espaço da Roda de Proteção, quer se trate de um indivíduo, uma comunidade ou uma nação. Para fazê-lo para alguém com quem você tem um relacionamento especial, como um mestre da linhagem ou seu professor pessoal, você deve pensar que eles estão em sua forma ordinária na frente de você no meio de todos esses círculos de proteção. Não é necessário visualizá-los pormenorizadamente. Basta imaginar que eles estão presentes na sua frente.

Esta prática é normalmente inserida na prática diária. No entanto, quando você tiver alcançado alguma realização, e se houver uma necessidade urgente, você pode praticá-la imediatamente no local, simplesmente por meio das visualizações e recitando o mantra.

No final da sessão você volta ao texto principal e recita a dissolução da visualização novamente. A única diferença em relação à dissolução da prática principal é que, apesar de você recitar o mesmo texto, o que se dissolve é diferente. Na prática principal, começamos por dissolver o círculo de proteção vajra e o palácio de cristal. Entretanto, aqui você dissolve esferas concêntricas giratórias de luz de cores diferentes, as flores *utpala*, a roda de proteção giratória e assim por diante. Então você ressurge na forma básica da divindade como na prática principal, e faz a dedicação de mérito e os versos finais da última página da prática.

Esta prática é feita apenas quando as pessoas precisam de proteção extra, momentos em que uma ou mais pessoas estão ameaçadas por um perigo extremo específico – obviamente, você deve estar ciente disso de antemão. Além disso, para que seja eficaz, deve estar dentro dos limites de sua capacidade. Ter feito pelo menos um dos três compromissos da prática cria a base necessária para realizar os benefícios da prática. Sem ele, a prática não terá poder. Um milhão de recitações do mantra é o mínimo, e será adequada apenas se você fizer isso corretamente, com plena compreensão e sinceridade. Você também precisa ser treinado na prática do círculo de proteção em si, de modo que você terá uma visualização estável quando chegar a hora em que for necessária.

Pergunta: As flores *utpala* nos espaços intermédios simbolizam frescor e suavidade? Existe alguma posição específica em que devem ser visualizadas?

Rinpoche: Eu não encontrei quaisquer comentários especificamente tratando disso, mas em outras práticas com visualizações semelhantes elas têm as qualidades de frescura e frieza no sentido de que elas são frescas, por não terem sido utilizadas, e elas são suaves, porque representam alívio do calor do sofrimento. É assim: quando eu estava fazendo a prática, eu sentia que todas as flores *utpala* ficavam viradas para mim como Tara. Elas eram como uma videira que cresce contra uma parede; as flores de frente para mim. Elas estavam frescas como o orvalho da manhã. Eu nunca recebi uma explicação específica sobre o que elas simbolizam.

Adquirindo o poder para o benefício dos seres

É só depois de ter alcançado certo grau de realização que seremos capazes de realizar um benefício significativo para os seres. Como mencionado anteriormente, para alcançar realização na prática de Tara, devemos completar pelo menos um dos três tipos de compromissos da prática – por meio do número, do tempo ou do compromisso ao longo da vida. Quando alguém realiza o sentido da prática, é dito que há vinte e dois métodos diferentes através do qual ele ou ela pode beneficiar os outros e ajudá-los a alcançar o *siddhi* relativo e final.

Por isso, é de suma importância realizarmos o significado da prática. Sem realização, não saberemos quais são os métodos possíveis e nem como usá-los. Não só isso, mas mesmo que tivéssemos uma idéia do que poderiam ser, não seríamos capazes de usá-los de forma eficaz. É por isso que aplicar-se por um longo tempo na prática e incentivar os outros a fazê-la é extremamente benéfico. Apenas praticando e integrando a prática em nossas vidas poderemos nos tornar causa de grande benefício para os outros.

E por que é assim? Pense nisso desta maneira: é a substância que torna qualquer forma significativa. Por exemplo, um cordão de bênçãos pode ter grande poder. Mas qualquer um pode dizer um mantra e dar um nó em um cordão e dar-lhe para colocá-lo no pescoço. Se apenas dar o nó ou dizer um mantra fossem as condições suficientes, qualquer um poderia fazê-lo. Mas, nesse caso, há muito mais do que apenas um cordão de bênção. Há muitos relatos em que tal cordão salvou a vida de alguém. O cordão é apenas um veículo através do qual as bênçãos são recebidas. Este é o resultado da realização – e não o poder e a bênção do mantra em si. O mantra é um veículo através do qual a realização é expressa e o benefício realizado.

Assim, as formas de dar bênção não são apenas gestos rituais vazios ou costumes. Eles são métodos por meio dos quais os benefícios relativos e último são transmitidos. Ou seja, o mantra, por si só, não é suficiente.

Há uma história que ilustra isso. Era uma vez uma pessoa que estava em retiro solitário. Ele era um praticante muito diligente. Regularmente ele deixava sua caverna para obter água e outras necessidades. Sua caverna era bem no alto de um penhasco. Num dia de forte ventania, ao deixar sua caverna, o vento soprou uma página de um texto tibetano em sua direção. Ele pegou e viu que era a descrição de um mantra. Nela havia uma instrução dizendo que, se este mantra fosse recitado um determinado número de vezes, o praticante seria capaz de voar.

Uma vez que o vento havia soprado fortuitamente esse texto diretamente para o praticante, ele pensou que deveria ser alguém destinado para tal prática e que havia tido muita sorte por tê-la encontrado. O que ele não sabia era que o texto era uma página de um livro e que o mantra que ali se encontrava era um mantra de aplicação. Antes de recitar qualquer mantra de aplicação, você deve sempre completar a prática principal de qualquer divindade, a partir de um ciclo determinado. Após completar a prática principal, então você pode praticar separadamente o mantra de aplicação e, com a força da prática principal, há uma chance de que ele venha a funcionar. Ele não sabia isso, uma vez que o texto chegou a ele completamente fora de contexto. Ele voltou para sua caverna e começou a recitar o mantra, pensando como seria ótimo ser capaz de voar.

Não sabendo que era um extrato de uma prática longa, ele não sabia que a meditação deveria acompanhá-la, nem em que prática de divindade o texto se baseava. Tudo o que sabia era o mantra e, então, começou a recitá-lo. Ele acreditava firmemente que se recitasse o número necessário de mantras, seria capaz de voar. No dia em que ele terminou a recitação, foi até a porta de sua caverna, olhou para o abismo sobre o qual ele vivia e pensou: "Agora vamos ver". Ele pulou, foi direto para baixo e quebrou as pernas.

Enquanto ele estava deitado ali, ao lado do leito do rio, com as pernas quebradas, alguém se aproximou e disse: "O que aconteceu com você?". Ele respondeu: "Eu fui enganado por um texto". Por isso, é importante compreender que devemos fazer a prática principal extensivamente antes que seja capaz de realizarmos suas aplicações de forma eficaz e realmente beneficiar os seres.

Na mesma linha, e uma vez que estamos tratando desse mesmo tema, podemos dizer que algo semelhante tem ocorrido com frequência nos dias atuais, especialmente no Ocidente, onde pessoas sem qualquer ligação formal com o Dharma seja por meio do refúgio ou ensinamentos, e que não entendem o contexto da prática *vajrayana*, se deparam com livros que apresentam métodos de prática extraídas da tradição budista *vajrayana*. Isso inclui textos tratando de práticas como *tummo*, prática do corpo ilusório, yoga do sonho, *powa*, yoga da clara luz ou algo do gênero.

Tais livros apresentam o caráter profundo destas práticas; entretanto, muitas vezes esquecem de mencionar que elas se inserem num contexto de uma formação maior que exige a superação de fases preliminares necessárias para a sua realização, assim como iniciações, transmissões e instruções completas. Em geral, as pessoas compram o livro, lêem, e começam a fazer a prática. É claro que isso não vai funcionar, porque está completamente fora do contexto.

Às vezes me deparo com pessoas que dizem: "Eu tenho praticado por muitos e muitos anos". Quando eu pergunto a fundo o que a pessoa pratica, elas respondem: "Bem, eu li tais e tais instruções em tal e tal livro e esta tem sido a base da minha prática". Se essa pessoa desenvolver amor-bondade e compaixão, é possível que haja algum benefício nessa prática. Mas se a sua tentativa de praticar está completamente fora de contexto e não há compreensão sobre os fundamentos da prática ou, ainda, se há simplesmente um determinado método conhecido a partir da leitura de um livro, estaremos diante da mesma situação do sujeito que pulou da caverna na montanha e quebrou as pernas. Por isso, é muito importante prosseguir metodicamente com a sua formação e ter acesso a instrução regular de professores qualificados.

Por isso, a substância (essência) é tão importante. Para beneficiar a si mesmo e os outros, deve-se naturalmente realizar a recitação do mantra um certo número de vezes, mas isso deve inserir-se no contexto da prática completa. O mantra é como uma flecha. Se você disser a alguém que uma flecha vai fazer isso ou aquilo, qualquer pessoa inteligente vai dizer: "Não, não é assim, uma flecha não faz isso. Não por si só". O mantra vai ter um efeito poderoso somente se sua prática for dotada de realização. Isso decorre não apenas do mantra em si, mas do poder acumulado da realização da prática. É como uma flecha que sai com a força de um arco.

A roda que realiza todos os desejos

Por outro lado, o mantra sozinho é como um carro sem combustível e, sozinho, não se moverá. É por isso que estas instruções para a prática são tão importantes.

Nossa situação é semelhante àquela de alguém que precisa de uma casa. No inverno faz frio e precisamos de proteção contra o frio. Eventualmente podemos lidar com essa situação durante o verão, mas no inverno precisamos de uma casa e uma fonte de calor. No entanto, se apenas no início do inverno percebemos isso e só, então, decidirmos: "agora, eu preciso construir uma casa", será tarde demais. Necessitaríamos de todo o tempo necessário para a construção da casa, bem como estabelecer uma fonte de calor com antecedência para que ela venha a estar lá quando precisarmos dela. Da mesma forma, se quisermos realmente beneficiar os outros, em primeiro lugar, teremos de fazer a prática completa, com o número exigido de mantras.

Embora o mantra de longa vida seja realmente o principal mantra de Tara Branca, no início não é aconselhável se concentrar sobre ele. Você precisa primeiro preparar o terreno. Portanto, no início o mantra raiz é recitado tantas vezes quanto possível, e o mantra de longa vida é feito de um décimo de vezes da recitação do mantra raiz, como uma espécie de purificação. Mais tarde, sua prática irá gradualmente crescer e mudar.

Khenpo Karthar Rinpoche

Conclusão

Os elementos mais importantes que você precisa para que sua prática seja eficaz são a devida motivação e a confiança. "Motivação adequada" significa que a sua intenção em fazer a prática é fundamentada na compaixão e *bodhicitta*. Compaixão e *bodhicitta* é a base a partir da qual todos os outros aspectos da prática crescem, por isso uma prática bem sucedida, que leva a beneficiar a si e aos outros, depende dessa motivação. Sem ela, uma pessoa é como um vaso quebrado que não pode reter quaisquer bênçãos ou benefícios.

"Confiança" significa a convicção sincera de que a prática vai funcionar e que ela vai trazer os benefícios pretendidos. Para isso, é claro, você precisa ter certa proficiência técnica, como uma visualização clara de todos os detalhes da divindade, mas a sua confiança na divindade e na prática é muito mais importante.

Se você achar que o seu desempenho na prática ainda não está tecnicamente à altura do que se poderia esperar, isso não deve se tornar, em si, um obstáculo. Trata-se de uma situação semelhante à de alguém que coloca um objeto precioso em uma sala trancada, sem possibilidade de alcançá-lo. Caso você o tenha feito, ou saiba que alguém de sua confiança o fez, como um pai ou outro membro da família, você terá certeza de que o objeto está de fato lá, mesmo que não consiga vê-lo. Você sabe que, ao percorrer todo o processo que é necessário a fim de alcançá-lo, terá valido a pena. E quando você alcançá-lo na sala, saberá que aquilo é seu por direito de nascença. Esta é uma analogia para a atitude referida como "confiança" ou, às vezes, como "rendição".

Se você praticar com esse grau de confiança, obterá todos os benefícios associados à prática. E será ainda mais efetiva se direcionarmos tal confiança para ambos a divindade e a linhagem da qual a prática vem. Você deve ter a firme convicção de que a prática é válida e eficaz, que as bênçãos da divindade são reais, e que, se você fizer a prática, definitivamente vai realizar um determinado tipo de benefício. Então você vai fazê-la com diligência e é certo que, mais cedo ou mais tarde, vai alcançar os resultados da prática.

Quando nos falta essa confiança, é o momento em que nos deparamos com os problemas. Se você duvida do que há em qualquer ponto da prática – se você pensa "Bem, talvez esta divindade seja real ou talvez apenas uma criação", ou "Talvez essa prática funcione ou talvez seja apenas algum tipo de coisa cultural", então não haverá muita coisa para acontecer. Isso é assim porque o combustível que faz com que uma prática seja eficaz é a sua fé e, nesse caso, ela obviamente está ausente.

Voltando à nossa analogia, é como se você não tivesse certeza se há alguma coisa de valor no quarto atrás da porta trancada. Nesse caso, você não se preocupa procurando a chave, porque você acha que provavelmente não há nada lá dentro e, mesmo se houvesse, provavelmente não valeria tanto assim.

Em um nível mais profundo, ainda há mais do que isso. Isso ocorre porque o processo do despertar envolve confiança em dois fatores principais: um externo e um interno. A condição externa consiste no que foi dito acima e que denominamos como sendo "bênção". Isto é, a confiança nas bênçãos dos gurus da linhagem e as bênçãos da divindade concedida através da prática. O fator interno ou inato é o que chamamos de natureza de Buda, e esta é a base essencial que permite que a prática funcione. Em última análise, é à sua própria natureza básica que você deve se render. Você não precisa apenas da confiança nas condições externas, mas é necessário também acreditar em sua própria natureza básica, a fim de percorrer a disciplina da prática e alcançar o fruto.

Quando olhamos para as histórias dos grandes mestres e seres santos do passado, vemos que em muitos casos eles meditaram sobre uma divindade por anos e anos e não tinham nenhuma visão da divindade ou quaisquer sinais de realização. Então, quando ao cabo de muitos anos de prática intensiva, finalmente tiveram uma visão da divindade, em muitas das histórias se queixaram à divindade, dizendo: "Você não tem sido muito boa para mim, não é? Por que você demorou tanto tempo para aparecer?". Em todas essas histórias a divindade, qualquer que fosse, respondeu da mesma forma: "Eu tenho sido inseparável de você desde o primeiro dia em que você começou a orar para mim e meditar sobre mim. No entanto, você foi incapaz de me ver até hoje, porque seus obscurecimentos, que o impediam de me ver, ainda não tinham sido removidos".

Uma vez tendo se engajado na prática, algumas pessoas a consideram fácil. Ela se desenvolve rapidamente. Outras pessoas acham muito difícil. O grau de facilidade ou dificuldade em uma prática baseia-se no grau de obscurecimento cármico sobre o qual a prática incidirá para, então, tornar-se eficaz. Se você considerar uma prática difícil, é porque ela estará atuando sobre dificuldades que são inerentes aos seus obscurecimentos. Isso não é verdade apenas

Khenpo Karthar Rinpoche

para a prática de Tara Branca. É assim para qualquer forma de prática espiritual na qual você se engaja.

Espero que você preste bastante atenção nestas instruções e tente se lembrar e levar a sério o que foi explicado. Se estiver apenas no papel e não dentro de você, não vai ajudá-lo a experimentar os benefícios das instruções e da prática. Por exemplo, podemos ver uma foto de alimentos e roupas em um livro, mas uma imagem não pode nos ajudar. A fim de experimentar a liberação da fome e do frio, deve haver comida e roupa de verdade, bem como temos que comê-la e vesti-la. Da mesma forma, quanto maior for a compreensão da prática, mais eficaz ela será e melhores serão suas experiências.

Para entrar corretamente na prática, temos de ter realizado as preliminares necessárias, ter recebido a iniciação de Tara Branca e a transmissão oral da linhagem ininterrupta (*lung*). Assim poderemos formalmente entrar na prática. No entanto, ter recebido a iniciação, o *lung* não é o suficiente. Devemos praticar corretamente e diligentemente.

Obter a iniciação, o *lung* e as instruções é como um agricultor preparando uma terra. Ela exige um trabalho para dar frutos. Deve ser cultivada e sementes devem ser plantadas. Em seguida, ela deve ser regada, limpa, e trabalhada em muitas maneiras. Aqueles que cultivam a terra e semeam as sementes não só obtém o suficiente de grãos para si, em tempo de colheita, mas o suficiente para compartilhar com os outros. Quanto mais esforço faz, mais há para si e para os outros. No entanto, aqueles que têm a terra e sementes, mas não trabalham a terra e não plantam as sementes, não terão nada para comer em tempo de colheita, para si ou para os outros. Eles terão um campo estéril.

A roda que realiza todos os desejos

Algumas pessoas tentam praticar sem ter recebido a iniciação e o *lung*. Sem esses pré-requisitos – ou se sua prática é incompleta –, embora possa haver alguma bênção, ela não será tão eficaz. E, certamente, todos os aspectos devem ser completos a fim de alcançar qualquer tipo de realização.

Isso é ilustrado em muitas histórias. Por exemplo, havia um pombo que vivia nas vigas de um edifício na Índia, há mais de mil anos. Esse edifício era um lugar onde os estudiosos budistas se reuniam todos os dias para recitar os sutras. Porque ele tinha ouvido os sutras sendo constantemente recitados, ao morrer o pombo renasceu como um grande erudito, conhecido como Senhor Inya. Ele era tão inteligente, que era capaz de memorizar 990.000 volumes de ensinamentos do Buda quase sem esforço. Este foi o resultado de ter ouvido os sutras constantemente em sua vida passada. No entanto, ele não tinha nenhuma realização porque não havia recebido a transmissão. Isto demonstra que, sem a base adequada, o resultado completo pode não ser alcançado, embora isso não signifique que não exista nenhum tipo de benefício.

Estes são tempos difíceis, e há muitos métodos para proteção. Provavelmente, o melhor de todos seja a prática de Tara Branca. Ao dizer isso, não estou me referindo apenas à prática de aplicação da Roda de Proteção, mas à prática em geral. Mesmo que você somente faça a prática principal diária, já vai ser muito útil para proteger você e aqueles ligados a você. Na melhor das hipóteses, é claro, você deve completar o compromisso da prática em toda a sua extensão. Mas até que isso seja feito, ou mesmo se não houver oportunidade para fazê-lo, se praticarmos correta e regularmente com devoção, fé e confiança em Tara, definitivamente experimentaremos os benefícios da prática.

Uma séria preocupação que tenho é que, embora o Ocidente seja conhecido por ter milhares de especialistas e pessoas educadas, tenho ouvido poucos relatos de ocidentais que conseguiram algum grau de realização por meio da prática. Espero que vocês escutem isso com atenção e, de coração, tomem por completo estas instruções. Se praticada completa e diligentemente, esta prática de Tara Branca, a Roda que Realiza Todos os Desejos, pode conduzi-lo ao completo despertar.

Dedicatória da patrocinadora

Meu patrocínio da publicação deste livro decorre da minha grande devoção à Tara Branca, a Roda que Realiza Todos os Desejos. Eu posso atestar o poder de sua prática a partir de minha notável recuperação de um câncer de mama metastático. Eu estava à beira de perder a minha longa batalha com a doença quando Tara Branca entrou em minha vida. Logo depois de iniciar sua prática, fui convidada a visitar um médico em outra parte do país cujo protocolo para o câncer provou ser altamente eficaz. Isso foi Tara em ação! Dentro de alguns meses, a doença tinha entrado em remissão e permanece assim até o presente escrito.

Palavras dificilmente podem cobrir minha gratidão a Khenpo Karthar Rinpoche por conceder-me os ensinamentos e *lung* para esta prática, junto com suas bênçãos e as da linhagem.

Que esta preciosa joia de livro permita a muitos outros entrar pela porta de sua prática e por meio dela obter a liberação para o benefício de todos os seres.

Kristin Van Anden
Bearsville, Nova Iorque
Fevereiro de 2003.

Apêndice A

Prática Diária de Tara Branca composta por Kunkhyen Tai Situ Tenpal Nyinje

OM SOTI

Eu me prosterno ao Lama e Nobre Tara. Aqui, a partir do Tantra Mãe Yoga Drolma Ngon Jung está [a prática chamada de] "A Branca que livra da morte". A divindade da atividade e, consequentemente, "A Roda Verde" foi ensinada primeiro, e depois as instruções essenciais para Tara Branca, a "Roda que Realiza Todos os Desejos" foi dada. Estas instruções orais estão de acordo com o tratado de Ngawang Dràkpa, que é baseado nisto e enfatiza a tradição do Senhor Atisha.

Isto é para aqueles que desejam fazer esta prática de forma abreviada. O que se segue é a súplica de linhagem para a prática diária de Tara Branca[31]:

NAMO GURU ARYA TARA YE
DROL MA NGAK GUI UANG CHUG SER LING PA
À Tara, Ngagi Wangchug, e Serlingpa;

JO WO DROM TON TCHEN NGA RE PEI SHAB
DAK PO DU KHYEN REI CHEN
Ao Senhor Atisha, Dromtonpa, Chennga e Drepa; à Gampopa, Dusum Khyenpa, [Drogon] Rechen, e

---

31 Essas instruções em letras pequenas, contidas ao longo de todo o texto de prática, têm apenas a função de orientar o praticante ao longo da prática e, portanto, não devem ser recitadas em voz alta. [**nota do tradutor**]

**POM DRAK PA   DRUB TCHEN TCHO KYI LA MAR
SOL UA DEB   OR GYEN PA DANG RANG**

Pomdrakpa; ao mahasiddha Karma Pakshi eu oro. Aos pés
do vitorioso Orgyenpa, Rangjung

**JUNG IUNG TON GUIEL   ROL DOR KHA TCHO
UANG PO DE SHIN SHEK   RIK**

[*Dorje*], e Yungton [*Dorje Pal*]; Rolpai Dorje, Khacho
Uangpo, e Deshin Shekpa; Rikpei Reldri,

**REL DON DEN BEN GAR GO SHRI DJEI   TCHO
DRAK GYAM TSOI SHAB LA SOL UA DEB**

[*Tongwa*] Donden e Bengar [*Jampal Zangpo*]; Senhor
Goshri e à Chodrak Gyamtso eu oro.

**SANG GUIE NYEN PA MI KYO KON TCHOG BANG
UANG CHUG DOR JE TCHO UANG NAM**

À Sangye Nyenpa, Mikyo [*Dorje*] e Kontchog Bang; à
Uangchug Dordje, Chokyi Uangchug, e Namdaktsen;

**DAKTSEN   KAR MA TCHAG MEY DUL MO
PALTCHENPO   TEN PEI NYIN MOR DJEY**

À Karma Chagme, Dulmo [*Choje*], e Paltchenpo [*Chokyi
Dondrup*] e à [*Tai Situ*] Tenpei Nyinje

**LA SOL UA DEB   DU DUL DOR JE PE MA NYIN DJE
UANG TEK CHOG DORJE**

eu oro. À Dudul Dorje e Pema Nyinje Uangpo; à Tekchog
Dordje e Pema Garuang Tsal [*Lodro*

**PEMA GAR UANG TSAL   KHA KHYAB DOR JE
PEMA UANG CHOG GYEL   KHYENTSE'I
O ZER RIK PEI DOR JE'I SHAB**

A roda que realiza todos os desejos

Thaye], à Khakhyab Dorje e Pema Uangchog Gyal e à Khyentse Ozer e Rikpe Dorje -

TSA GYU LA MA KUN NGO JE TSUN MA
Para a Nobre Senhora que encarna todos os lamas raizes da linhagem e para aqueles que detêm

GANG GI MIN DROL KA BAB GYU PEI SOL   RIM PA DRUK DEN NAM LA
as seis tradições de sua linhagem de amadurecimento, liberação e dispensa eu oro. Abençoe-me para que eu realize os

SOL WA DEB   KYENGA DZOKPEI RIMPA TARCHINTE   TCHI MEY
estágios de desenvolvimento, mantra e conclusão e realize a imortalidade do Dharmakaya,

YE SHE DOR DJEI KU CHOK DRUB   GYAL UA KUN KYE YI SHIN KHOR LO DANG
o conhecimento primordial. Possa eu tornar-me inseparável da Roda que Realiza Todos os Desejos, que dá à luz a todos os

YER MEY DON NYI HLUN DRUB DJIN GYI LOB
Vitoriosos e espontaneamente realiza os dois benefícios.

*   *   *

SANG GYE CHO DANG TSOK KYI CHOK NAM LA DJANG CHUB BAR DU DANI KYAB SU TCHI
No Buda, no Dharma e na Sangha tomo refúgio até o despertar. Pelo mérito

Khenpo Karthar Rinpoche

DAK GUI DJIN SOK GUI PEI SO NAM KYI   DROLA PENCHIR SANG GYE DRUB PAR SHOG

Acumulado pela prática da generosidade e demais [*paramitas*], possa eu realizar o estado de Buda para o benefício de todos os seres. *(repetir 3 vezes)*

(Assim, após o refúgio geramos a bodhicitta)

SEM TCHEN TAM TCHEY DE UA DANG DE WEI GYU DANG DEN PAR GYUR TCHIG

Possam todos os seres obter a felicidade e as causas da felicidade.

DUK NGEL DANG DUK NGEL GUI GYU DANG DREL UAR GYUR CHIK

Possam eles ser livres do sofrimento e das causas do sofrimento.

DUK NGEL ME PEI DE UA DAM PA DANG MIN DREL UAR GYUR CHIK

Possam eles nunca se separar da verdadeira felicidade, que é livre de todo o sofrimento.

NYE RING CHAG DANG DANG DREL UEI TANG NYOM CHEN PO LA NE PAR GYUR CHIK

Possam permanecer na grande imparcialidade que é livre de todo apego e aversão.

(Então medite nas quatro incomensuráveis)

OM SHUNYATA JNANA BEDZRA SOBHAWA EMAKO HAM

Om Shunyata Jnana Bedzra Sobhawa Emako Ham

(Então, purifique)

A roda que realiza todos os desejos

TONG PEI NANG LE MA CHO PEI SEM NANG HUM GUI DRA DANG NAM KHA GANG UA DANG TCHE PA LE

Da vacuidade surge a mente pura, manifestando-se como o som ressonante de HUM, preenchendo todo o espaço.

DOR JEI SUNG KHOR RA GUR ME PUNG BAR UA YANG SHING GYA CHE UAR GYUR PEI U SU DRUM

Desta surge o círculo em chamas como o fogo e o domo de proteção. Dentro dele é vasto e espaçoso. Em seu centro aparece a letra DRUM,

LE DA UA CHU SHEL GYI SHAL YE KANG DEI U SU PAM LE PE MA KARPO

que se torna um palácio de cristal translúdido inconcebível. No meio dele aparece a letra PAM, que se torna um lótus branco totalmente florescido em uma haste.

DONG BU DANG TCHE PA RAB TU GYE PEI TENG DU AH LE DAUA NYA GANG UA NYOK PEI DRI MA DANG

Acima deste aparece a letra AH, que se torna um disco de lua cheia imaculado.

DREL UA DEI TENG DU RANG SEM TAM KARPO LE UTPAL KAR PO TAM YIG KAR PO TSEN PA

Sobre ela minha mente, como a letra branca TAM, se transforma em uma flor utpala branca

DELE O TRO PAK PA CHO SEM CHEN GYI DON DJE LAR DU SHING YONG

marcada pela letra branca TAM. TAM irradia luz, fazendo oferendas para os Nobres e beneficiando os seres.

Khenpo Karthar Rinpoche

SU GYUR PA LE RANG NYI PAKMA DROLMA KU DOK DA UA TCHU SHEL TAR KAR SHING

Retornando [*a TAM e a flor utpala branca*] estão completamente transformadas. Eu me torno a Nobre Tara. Seu corpo é branco como um cristal translúcido.

OZER NGA DEN DU TRO UA GEG TCHING TCHAG PEI NYAM TCHEN NU BUR ZUNG GI DZE PA

Ela irradia luz de cinco cores. Ela é graciosa e bonita, com uma expressão amorosa e seios fartos.

SHI UA CHEN POIDZUM SHAL TCHEN   U LA CHEN SUM DANG   TCHAG SHAB SHII TIL

Em sua face está um sorriso profundamente pacífico.

DU'ANG CHEN RE RE TE YESHE KYI TCHEN DUN DANG DEN PA   TCHAG YE PEY TCHOG DJIN GYI

Ela tem três olhos e olhos na palma de cada uma de suas mãos e solas de seus pés somando, ao todo, sete olhos de completa sabedoria.

CHAG GYA DANG   YON PA TEB SIN DJAR UE UTPAL KAR PO DAB GYA NYEN DRUNG DU

Sua mão direita está no mudra da suprema generosidade. No seu coração, o polegar e o dedo anelar da mão esquerda

GYE PEI YU UA TUK KAR DZIN PA   MU TIK KAR PO TSO OR GYUR PEI RIN PA CHE NA

seguram a haste de uma flor utpala branca com cem pétalas, que desabrocham perto do seu ouvido.

TSOK PE O GYEN NYEN TCHA GUL GYEN DO SHEL SE MO DO PUNG GYEN TCHAG SHAB KYI DUB

A roda que realiza todos os desejos

Sua coroa, brincos, curto, médio e longos colares, faixa, pulseiras, tornozeleiras e

BU KE RAK YER KHEI TRENG UA DANG TCHE PA HLA DZE GUI ME TOK DU ME DZE PA
cinto cercado com pequenos sinos feitos de várias joias, mas principalmente por pérolas brancas.

HLA DZE KYI DAR KAR POI TO YOK DANG   UANG POI SHU TA BUI DAR GYI ME
Ela é adornada com muitas flores celestes. Ela veste uma roupa superior de seda branca celestial e um vestuário menor de seda em tons de arco-íris.

YOK SOL UA   U TRA LI UA TAK PARCHING PA SHAB DOR JEI KYIL MO TRUNG
Seu cabelo encaracolado está preso para trás. Suas pernas descansam na postura vajra.

GUI SHUK SHING DA UAI GUIAB YOL TCHEN DU GYUR   DEI TREL UAR OM
Ela tem uma lua como respaldo. Há um OM branco em sua testa, um AH vermelho

KARPO   DRINPAR AH MARPO   TUK KEI TCHA ME DU HUM NGON PO   TUKKEI
em sua garganta e um HUM azul ligeiramente abaixo de seu coração. No centro de seu coração sobre uma flor de lótus e

U SU PE KAR DANG DA UA LA TAM KAR PO   DE LE OZER TRO RANG SHIN GYI
lua está uma TAM branca. Ela irradia luz e invoca o aspecto de sabedoria de Tara

Khenpo Karthar Rinpoche

NE NE GOM PA DANG DRA UEI YE SHE PA TCHEN DRANG

de seu lugar natural [*palácio*], que é semelhante [*ao palácio*] da meditação [*de auto-visualização*].

BEDZRA SAMADZA

Bedzra samadza

OM BEDZRA ARGHAMSOHA

Om bedzra arghamsoha

OM BEDZRA PADYAM SOHA

Om bedzra padyam soha

OM BEDZRA PUKPE AH HUM

Om bedzra pukpe ah hum

OM BEDZRA DHUPE AH HUM

Om bedzra dhupe ah hum

OM BEDZRA ALOKE AH HUM

Om bedzra aloke ah hum

OM BEDZRA GENDHE AH HUM

Om bedzra gendhe ah hum

OM BEDZRA NEUIDYE AH HUM

Om bedzra neuidye ah hum

OM BEDZRA SHABDA AH HUM

Om bedzra shabda ah hum

DZA HUM BAM HO

Dza hum bam ho

A roda que realiza todos os desejos

NYI SU ME PAR TIM

Ela se dissolve em mim e nos tornamos indiferenciadas

LAR YANG SA BON GYI O KYI UANG HLA RIK NGA KHOR TCHE TCHEN DRANG

Mais uma vez, a sílaba semente [*irradia*] luz, convidando as divindades de iniciação das cinco famílias e seus séquitos.

OM PENTSA KULA SAPARIUARA ARGHAM SOHA

Om pentsa kula sapariuara argham soha

OM PENTSA KULA SAPARIUARA PADYAM SOHA

Om pentsa kula sapariuara padyam soha

OM PENTSA KULA SAPARIUARA ARGHAM SOHA

Om pentsa kula sapariuara argham soha

OM PENTSA KULA SAPARIUARA PADYAM SOHA

Om pentsa kula sapariuara padyam soha

OM PENTSA KULA SAPARIUARA PUKPE AH HUM

Om pentsa kula sapariuara pukpe ah hum

OM PENTSA KUU SAPARIUARA DHUPE AH HUM

Om pentsa kuu sapariuara dhupe ah hum

OM PENTSA KULA SAPARIUARA ALOKE AH HUM

Om pentsa kula sapariuara aloke ah hum

OM PENTSA KULA SAPARIUARA GENDHE AH HUM

Om pentsa kula sapariuara gendhe ah hum

OM PENTSA KULA SAPARIUARA NEWIDYE AH HUM

Om pentsa kula sapariuara newidye ah hum

OM PENTSA KULA SAPARIUARA SHABDA AH HUM

Om pentsa kula sapariuara shabda ah hum

SARWA TATHAGATA ABIKENTSA TUMAM

Sarwa tathagata abikentsa tumam

(Que todos os Tathagatas me concedam as iniciações).

SHE SOL UA TAB PE UANG GUI LHA NAM KYI

Tendo suplicado desta forma, as divindades de iniciação conferem as seguintes palavras:

JITAR TAMPA TSAM GYINI   HLA NAM KYI NI TRU SOL TAR   HLA YI TCHU NI DAK PEY   DE SHIN DAK GUI TRU SOL LO

"Assim como na época do nascimento [*de Buda*] ele recebeu ablução dos devas, da mesma forma, faremos um banho de águas celestiais puras".

OM SARUA TATHAGATA ABIKEKATA SAMAYA SHRIYE HUM

Om Sarua Tathagata Abikekata Samaya Shriye Hum

(Com esse mantra os Tatagatas outorgam as iniciações.)

SHE SUNG SHING BUM PEI TCHU UANG KUR KU GANG   DRIMA DAG

Assim dizendo, a água no vaso me inicia, enxendo meu corpo e purificando minhas máculas.

TCHU HLAG MA YAR LU PA LE RIK KYI DAK PO O PAK MEY KYI UR GYEN PAR GUIUR

O excesso transborda no topo da minha cabeça e se torna Amitabha, Senhor da família, que se torna o meu ornamento de coroa.

A roda que realiza todos os desejos

(Em seguida, imagine que as oferendas são feitas para você pelas dividandes emanadas)

OM ARYA TARA SAPARIUARA ARGHAM SOHA

Om arya tara sapariuara argham soha

OM ARYA TARA SAPARIUARA PADYAM SOHA

Om arya tara sapariuara padyam soha

OM ARYA TARA SAPARIUARA PUKPE AH HUM

Om arya tara sapariuara pukpe ah hum

OM ARYA TARA SAPARIUARA DHUPE AH HUM

Om arya tara sapariuara dhupe ah hum

OM ARYA TARA SAPARIUARA ALOKE AH HUM

Om arya tara sapariuara aloke ah hum

OM ARYA TARA SAPARIUARA GENDHE AH HUM

Om arya tara sapariuara gendhe ah hum

OM ARYA TARA SAPARIUARA NEUIDYE AH HUM

Om arya tara sapariuara neuidye ah hum

OM ARYA TARA SAPARIUARA SHABDA AH HUM

Om arya tara sapariuara shabda ah hum

HLA DANG HLA MIN TCHO PEN GYI   SHAB KYI PE MO LA TUD DE

(Então, elas cantam) "Prestamos homenagem e louvações à mãe Tara, que liberta de todas os infortúnios e

PONG PA KUN LE DROL DZEYMA   DROLMA YUM LA TCHAG TSEL TOD

para cujos pés de lótus mesmo os devas e asuras curvam-se com suas coroas.

(Agora para recitação do mantra)

RANG GUIN NYING GAR PE DEI TENG DU KHOR LO KAR PO TSIB GYEY MU KHYU DANG TCHE PEI TEY UAR TAM

No meu coração sobre um lótus e uma lua está uma roda branca com oito raios e um aro. No seu centro está a TAM, e na borda do círculo central,

DEI TAR DUN NE YE KOR DU

à partir do centro e em sentido horário, estão [*as letras*]

OM MA MA AH YU PUNYE JNANA PUKTRIM KU RU HA

OM MA MA AH YU PUNYE JNANA PUKTRIM KU RU HA

TSIB GYED LA   TA   RE   TUT   TA   RE   TU   RE   SO

Nos oito raios estão   TA   RE   TUT   TA   RE   TU   RE   SO

YI GUE NAM MU TIK GUI DOK PO TAR KAR HRAM ME MI YO UAR NE PA   DE LE O TRO

As letras estão vivas brancas, como pérolas, e permanecem imóveis. Elas irradiam luz, fazendo oferendas para os vitoriosos

GYEL UA SE TCHE TCHO   SEM TCHEN NAM KYI TSE PEL UA SOG KYI

e seus filhos, que beneficiam seres com vida longa e assim por diante. As bênçãos dos

DON DJE   PAK PA NAM KYI DJIN LAB DANG TEN YO KHOR DE KYI TSE TCHU

Nobres e a essência vital e *siddhis* do mundo e dos seres do samsara e nirvana são

A roda que realiza todos os desejos

NGO DRUB TAM CHE O ZER GYI NAM PAR DU   SA BON NGAK TRENG DANG TCHE PA LA

coletadas na forma de luz e são absorvidas de volta pela sílaba semente e pelo o círculo de mantra, que chamejam

TIM PE TRAK DANG ZI DJID RAB TU BAR SHING TCHI ME TSE YI NGO DRUB TOB PAR GYUR

brilhante e majestosamente. Eu recebo o *siddhi* de imortalidade.

(Então, permanecendo em samadhi de plena atenção, recite as dez sílabas do mantra raiz, tanto quanto possível)

OM TARE TUTTARE TURE SOHA

OM TARE TUTTARE TURE SOHA

(Finalmente):

OM TARE TUTTARE TURE MAMA AYU PUNYE JNANA PUKTRIM KURU SOHA

OM TARE TUTTARE TURE MAMA AYU PUNYE JNANA PUKTRIM KURU SOHA

Recite este mantra de longa vida 108 vezes. Para acumulação de mantras, é dito que a recitação de um milhão de de vezes do mantra raiz é a sua realização. Com dez milhões, diz-se que todas as atividades são realizadas. Mesmo em um retiro de cerca de sete dias, se se recita o mantra com devoção e entusiasmo, alguém será capaz de experimentar reversão da morte prematura. Além disso, quando o foco é no prolongar da vida e quando se fizer contínuamente a prática [diária], o mantra de longa vida é o que deve ser recitado. Finalmente, para concluir a sessão:

*   *   *

NANG SI TAM TCHE PAK MA DROL MEI KYIL KHOR DU GYUR DE TAM TCHE SUNG

Todas as aparências fenomenais tornam-se a mandala da Nobre Tara. Tudo se dissolve no círculo de proteção.

KHOR LA TIM RANG NYI TEN DANG TEN PAR CHE PANG RIM GYI TUK KEI TAM LA TIM

Aos poucos, eu e o mundo exterior dissolvemo-nos na letra TAM em meu coração, que se dissolve gradualmente

DE ANG ME RIM GYI O SEL DU SHUK PAR GYUR

à partir do fundo até em cima. Eu descanso na clara luz.

(Aqui, a meditação de proteção pode ser feita)

LAR RANG NYI PAK MA DROL MEI KUR GYUR PEI NE SUM DU OM AH HUM GUI TSEN PAR GYUR

Eu ressurjo sob a forma da Nobre de Tara, cujos três lugares são marcados com OM, AH e HUM.

NANG DRAG KYI TCHO TAM TCHE DON DAM PAR RANG SHIN ME PA NANG TCHA GUYU MA TA BU YESHE HLEI NGO OR NAMPAR DAG GO

Num sentido último, a aparência e o som de todos os fenômenos são vazios de existência inerente. Eles surgem como uma ilusão, sendo absolutamente puros, assim como a natureza essencial da divindade de sabedoria.

GUE UA DIY NYURDU DAG DROLMA KARMO DRUB GYUR NE

Por esta virtude, possa eu rapidamente realizar Tara Branca.

DRO UA TCHIG KIANG MA LU PA DE YI SA LA GO PAR SHOK

A roda que realiza todos os desejos

Tendo realizado, possa eu estabelecer nesse estado todos os seres sem exceção.

(Entre as sessões, a quem você tem a oferecer torma)

OM BEDZRA AMRITA KUNDALI HANA HANA HUM PE

OM BEDZRA AMRITA KUNDALI HANA HANA HUM PE

OM SOBHAUA SHUDHA SARUA DHARMA SOBHAUA SHUDHO HAM

OM SOBHAUA SHUDHA SARUA DHARMA SOBHAUA SHUDHO HAM

(Então, purificando)

TONG PE NGANG LE TOR NO YANG SHING GYA CHE UA RIN PO CHE LE DRUB PEI NANG

Da vacuidade surge um vasto e espaçoso recipiente de oferenda feito de joias. Dentro dele [*as letras*],

DU OM AH HUM O DU SHU UA LE DJUNG UEI TOR MA DO GU Y GYAMTSO TCHEN PO KHA DOG

OM, AH e HUM derretem-se em luz, a partir do qual surge uma torma,

DRI RO NU TU PUN SUM TSOK PAR GYUR

um grande oceano de tudo o que pode ser desejado, de cor superlativa, cheiro, gosto e vitalidade.

OM AH HUM

OM AH HUM

(três ou sete vezes)

RANG GUI NYING GUEY SA BON LE O TRO HLO CHOG PO TA LEI RI UO NE JE TSUN MA DROL MA KAR MO LA

Khenpo Karthar Rinpoche

Luzes irradiam da sílaba semente em meu coração, convidando da montanha no sul de Potala a Nobre Tara Branca,

SANG GYE DANG DJANG CHUB SEM PEI TSOG TAM TCHE KYI KOR UA
Rodeada por uma multidão de budas e *bodhisattvas*.

BEDZRA SAMADZA
Bedzra samadza

PEMA KAMALA YA SA TAM
Pema kamala ya sa tam

HLA NAM KYI DJAG DORDJEI BU GU DRANG TE TORMA SOL UAR GYUR
Sorvendo por meio de suas línguas cujas pontas tem o formato de um *dordje*, as divindades compartilham da oferenda.

OM TARE TUTTARE TURE IDAM BALING TA KAKA KAHI KAHI
Om tare tuttare ture idam baling ta kaka kahi kahi
(Repetindo isso 3 vezes a torma é oferecida à Tara)

OM AKARO MUKHAM SARUA DHARMA NAM A DE NUPENNA TOTA OM AH HUM PE SOHA
Om akaro mukham sarua dharma nam a de nupenna tota om ah hum pe soha
(Repetindo isso 3 vezes a torma é oferecida ao séquito)

OM ARYA TARA SAPARIUARA ARGHAM SOHA
Om arya tara sapariuara argham soha

OM ARYA TARA SAPARIUARA PADYAM SOHA
Om arya tara sapariuara padyam soha

OM ARYA TARA SAPARIUARA PUKPE AH HUM
Om arya tara sapariuara pukpe ah hum

OM ARYA TARA SAPARIUARA DHUPE AH HUM
Om arya tara sapariuara dhupe ah hum

OM ARYA TARA SAPARIUARA ALOKE AH HUM
Om arya tara sapariuara aloke ah hum

OM ARYA TARA SAPARIUARA GENDHE AH HUM
Om arya tara sapariuara gendhe ah hum

OM ARYA TARA SAPARIUARA NEUIDYE AH HUM
Om arya tara sapariuara neuidye ah hum

OM ARYA TARA SAPARIUARA SHABDA AH HUM
Om arya tara sapariuara shabda ah hum

KHOR UA LE DROL TARE MA   TUTTAREYI DJIK GUYE DROL   TURE NA UA KUN LE KYOB DROLMA LA NI TCHAG TSEL TOD
Você é a mãe, TARE, que liberta do *samsara*. Com TUTTARE você nos liberta dos oito medos. Com TURE você protege de todas as doenças. Eu louvo e me prosterno à mãe que libera.

GANG GUY TUGDJE OKAR GYI   MA LU DRO UEI DON DZE TCHING
Com a luz branca da compaixão, vós beneficiastes todos os seres sencientes sem exceção.

GON ME NAM KYI GON DANG KYAB   GYEL UA SE DANG TCHEY LA DU

Vós sois os protetores e refúgio para aqueles sem proteção.
Diante de vós, os vencedores

**TCHO DJIN TORMA DI SHE LA   NEL DJOR DAK
CHAG KHOR TCHE LA**
e seus filhos, eu me curvo. Por favor, aceitem esta torma de
oferenda e generosidade. Que possamos nós, praticantes e

**NE ME TSE DANG UANG CHUK DANG   PEL DANG
DRAK DANG KEL PA ZANG**
todos os que estão ligados a nós, ter grande prosperidade –
como boa saúde , longa vida, poder, riqueza e boa

**LONG CHO GYA CHEN KUNTOR TCHING   SHI
DANG GYE LA SOK PA YI   LE KYI NGO DRUB DAK
LA TSOL**
reputação – podendo estes ser tempos afortunados. Por
favor, concedei-me o *siddhi* das quatro atividades de

**DAM TSIK CHEN GYI DAK LA SUNG   NGO DRUB
KUN GYI TONG**
pacificação, crescimento, e assim por diante. Vós,
detentores de *samaya*, por favor protejei-me. Por favor,
ajudai-me a alcançar todos os *siddhis*.

**DROKDZO   DUMIN TCHI DANG NE NAM DANG
DON DANG GUEG NAM**
Por favor, elimine a morte prematura, a doença, dores e
obstáculos. Por favor, eliminai os maus

**ME PARDZO   MI LAM NGEN DANG TSEN MA
NGEN   DJA DJE NGEN PA ME PAR DZO**
sonhos, maus presságios e ações prejudiciais. Por favor,
promovei a felicidade e boas colheitas neste mundo,

A roda que realiza todos os desejos

DJIK TEN DE SHING LO LEK DANG   DRU NAM PEL SHING TCHO PEL UA

florecendo culturas e a propagação do Dharma, bem-estar e prosperidade de toda espécie e a realização

DE LEK PUN SUM TSOK PA DANG   YI LA DO PA KUN DRUB DZO

de todos os nossos desejos. Nobre Tara, por favor, concedei-me todos os *sidhis,* o supremo e os comuns,

PAK MA DROL ME DAK LA TCHOG TUN MONG GUI NGO DRUB MA LU PA TSOL UA DANG

sem exceção. Especialmente, por favor protejei-me dos perigos presentes e futuros.

KHYE PAR DU TREL YUN GYI DJIK PA LE KYOB TCHING   TCHO TCHOD SHIN YUN RING DU TSO UEI TCHOG DJIN PAR DZE DU SOL

Por favor, concedei-me o dom supremo de uma longa vida de atividade no Dharma.

(Recite o mantra de 100 sílabas três vezes).

MA DJOR PA DANG NYAM PA DANG   GANG YANG DAG MONG LOYI NI

Oro para que os protetores sejam pacientes comigo em face do que fiz ou causei aos outros,

GYI PA DANG NI GYI TSEL UA   DEKUN GONPO ZOPAR DZO

por meio de minhas faltas ou condutas equivocadas, em razão de todo tipo de confusão.

(Assim, as falhas são confessadas)

Khenpo Karthar Rinpoche

DIRNI TEN DANG LHEN TCHIKTU KHOR UA SI DU SHUK NE KYANG

Por favor, permaneçam aqui junto como apoio durante todo o tempo em que perdurar o samsara e,

NE MEY TSE DANG UANG CHUK DANG TCHOK NAM LEK PAR TSEL DU SOL

mantendo-se aqui, por favor liberai-nos da doença e conceda-nos vida longa, domínio e siddhi supremo.

OM SUTRA TIKTRA BEDZRA YE SOHA

Om sutra tiktra bedzra ye soha

assim, os hóspedes e a torma são convidados a ficar no suporte. Faça orações de aspiração e orações de bons auspícios. Se você quiser meditar sobre a Roda de Proteção, em seguida, após a dissolução do autovisualização e antes de surgir novamente no corpo da união conforme estabelecido acima:

TONG PEI NGANG LE KE TCHIG GUI KHOR LO KAR PO TSIB TCHU GUR TAB SU NE SHING MI

Instantaneamente, a partir da vacuidade, surge uma roda branca, como uma cúpula com dez raios, girando rápida e invisivelmente.

NGON PAR NYUR DU KHOR UEI TE UA DUM PO YANG PEI NANG DU RANG NYI PAK MA DROL

Dentro de seu espaçoso e redondo centro, surjo como a Nobre Tara, a Roda que Realiza Todos os Desejos,

MA YI SHIN KHOR LO GYEN DANG CHA LUK YONG SU DZOK PAR SEL UEI TUK KAR KHOR LO

completamente perfeita em ornamento e vestuário. Em meu coração está a roda de mantra com as suas sílabas,

A roda que realiza todos os desejos

YIK DRU DANG CHEPA   RANG NYI KYI TENG DU OM   OG TU HA   TSIB KYI TSA UA

Acima de mim é OM, e abaixo é HA. Dentro da área oca de articulação de cada raio, a partir da frente

BUB TONG GUI TE KYI NANG DU DUN NE YE KOR DU YI GUE GYE TCHE

no sentido horário, estão as oito [restantes] sílabas cujas letras são brancas.

YIG DRU NAM KAR PO   RANG GI TUK KEI SA BON LE O ZER KAR PO SHEL TA BU

A partir da sílaba semente no meu coração, irradia luz branca cristalina. Então amarelo dourado [luz], depois vermelho rubi [luz]

SER PO SER TA BU   MAR PO PE MA RA GA TA BU TCHAG KHA TO RENG KYI NAM TA BU

em seguida, luz azul-acinzentado, como o céu ao amanhecer, depois luz verde-esmeralda, e, em seguida, luz azul-safira

DJANG KHU MA GUE TABU   TCHIN KHA INDRA NI LA TA BU NAM RIM PAR TRO   SEMCHEN

irradiam em sucessão, beneficiando os seres sencientes e fazendo oferendas aos vencedores. As bênçãos

GYI DONDJE   GYEL UA NAMCHO   TCHOK TCHUI GYEL UA NAM KYI DJIN LAB

dos vitoriosos das dez direções voltam sucessivamente sob a forma de [luz] branco, amarelo, vermelho, azul, verde e azul-safira.

Khenpo Karthar Rinpoche

O ZER KAR SER MAR NGO DJANG TING GUI NAM PAR RIM PAR DJON   RANG GUI TUK KEI

Dissolvendo-se a roda no meu coração, os *siddhis* das várias atividades de pacificação,

KHOR LO LA TIM PE   SHI GYE UANG DRAG LE NA TSOK PEI NGO DRUB TOB TCHING TEN

enriquecimento, magnetização e subjugação são atingidos e estabilizados. As luzes restantes formam leves camadas,

PAR DJE   O LHAK MA NAM KHOR LOI GUR KANG GUI TCHI NE DOM GANG TSAM NE

[começando em] cerca de seis pés do perímetro externo da roda. Forma-se um pavilhão de luz branca,

O KARPOI GUR KHANG   DEI TCHIR SER PO DEI CHIR MAR PO DEI CHIR

Seguido de um pavilhão de luz amarela, depois um pavilhão de luz vermelha, depois um pavilhão

TCHAGKHA   DEI CHIR DJANG KHU   DEI CHIR O TCHIN KHEI GUR KHANG NAM KYANG

da luz azul-acinzentado. Em seguida, um pavilhão de luz verde. E, por último, um pavilhão de luz azul-safira.

DOM REI BAR TAG TCHEN   TENG OG TCHOG TSAM KUN TU KHOR UA DUM POI NAM PA TCHEN

Todos estes pavilhões estão seis pés distantes uns dos outros. Eles são esféricos na aparência, estáveis e fortes.

SA UA TEN PA SUB ME PA LUNG SER BU TSAM YANG MI TAR UA BAR TONG TAM

São ininterruptos e sem quaisquer lacunas. Nem mesmo um pouco de brisa pode passar.

A roda que realiza todos os desejos

**TCHE UTPAL NGON PO KHA DJE MA TAG PEY
GANG UAR GYUR**

Os espaços vazios são preenchidos com flores utpala azuis
recém-desabrochadas.

*(Recitar as dez sílabas, tanto quanto possível). No fim, dissolve-se
na clara luz e ressurge no corpo de união conforme estabelecido
anteriormente.*

Ao fazer a longa vida prática:

**TCHI UO OG PAKME KYI TUK GYU KUL UE CHAK
GUI LHUNG DZE KYI DU**

Invocando Amitabha no alto de minha cabeça, o néctar da
tigela em suas mãos ferve,

**TSI KHOL   RANG GUI TCHI ONE SHUG   LU TAM
TCHE GANG SHING TCHI ME DRUB PAR GYUR**

entra por minha coroa, e preenche todo o meu corpo,
realizando a imortalidade.

*Pensando desta forma, você deve recitar o mantra de longa vida,
muitas vezes.*

**GUE UA DIYI SEMCHEN KUN   DIG DRIB NYE
TUNG NE DON SHI   TSE PEL SO NAM YESHE
GYE**

Por esta virtude possam todas as faltas, obscuridades,
falhas, quedas, doença e obstáculos dos seres sencientes
serem pacificados.

DROLMEI GOPANG NYUR TOB SHOG

Que a vida, glória, mérito e sabedoria aumentem, e possam
eles rapidamente atingir a realização de Tara.

GUIEL TCHOG TSE PAG ME PEI YUM   TCHIME NGEPAR TER UAMO

Vós que sois a mãe do supremo vitorioso, Amitayus, a mãe que definitivamente confere imortalidade.

RIK PA DZIN MA TCHOM DEN DE YI SHIN KHOR LOI TRA SHI SHOG

Possam se realizar as auspiciosidades da detentora da consciência, a Bhagavati a Roda que Realiza Todos os Desejos!

Esta prática de yidam foi escrita a pedido de Lodro, Rei de Dege, possuidor de farta disciplina, pelo Dharma Kara, o Oitavo Tai Situ, no ano de uma rica colheita, em um dia auspicioso durante a quinzena da lua crescente do oitavo mês, no grande palácio fora da capital do Lhundrup Teng, Mangalam dzayentu.

Apêndice B

Uma prática diária simples da Nobre Roda que realiza todos os desejos, intitulada "Realizando a Imortalidade"

Composta por Jamgon Kongtrul Lodro Taye

OM SVASTI SIDDHAM

Eu me curvo com devoção à imortal Nobre Senhora. Apenas o pensamento de sua conquista sobre os temores dos quatro maras. Vou explicar sua prática diária de modo que as realizações supremas de vida longa e e demais possam ser alcançadas. Ao amanhecer ou em algum momento no início da manhã, sente em um assento confortável na postura samadhi. O que se segue é a súplica de linhagem para a prática diária de Tara Branca:

NAMO GURU ARYA TARA YE
Namo guru arya tara ye

DROL MA NGAK GI UANG TCHU SER LING PA
À Tara, Ngagi Wangchug e Serlingpa;

JOWO DROM TON TCHEN NGA DRE PEI SHAB DAK PO DU KHYEN REY CHEN POM DRAK PA
Ao Senhor Atisha, Dromtopa, Chennga e Drepa; à Gampopa, Dusum Khyenpa, [*Drogon*] Rechen, Pomdrakpa

DRUBTCHEN TCHO KYI LA MAR SOL UA DEB ORGYEN PADANG RANG DJUNG YUNG TON GYEL
E ao mahasiddha Karma Pakshi eu oro. Aos pés do vitorioso Orgyenpa, Rangjung [*Dorje*]

Khenpo Karthar Rinpoche

ROL DOR KHA TCHO UANG PO DE SHIN SHEK RIK REL DON DEN BEN GAR

[*Dorje*], e Yungton [*Dordje Pel*]; Rolpei Dorje, Khacho Wangpo, e Deshin Shekpa; Rikpai Raldri, [*Tongwa*] Donden, e Bengar [*Jampal Zangpo*];

GOSHRI DJEY   CHODRAK GYAMTSOI SHABLA SOL UA DEB

Senhor Goshri e Chodrak Gyamtso, a vós eu oro.

SANGYE NYENPA MI KYOD KON CHOG BANG UANG CHUG DORDJE CHO UANG NAM DAKTSEN

À Sangye Nyenpa, Mikyo [*Dordje*] E Konchog Bang; à Wangchug Dorje, Chokyi Wangchug, e Namdaktsen;

KARMA CHAGMEY DULMO PAL CHENPO TENPEI NYINMO DJE LA SOL UA DEB

À Karma Chagme, Dulmo [*Choje*] e Palchenpo [*Chokyi Dondrup*]; à [*Tai Situ*] Tenpai Nyndje eu oro

DODUL DOR DJE PEMA NYINDJE UANG   SI SHYI TSUK GYEN TEK TCHOG DORJE DANG

À Dudul Dorje e Pema Nyinje Wangpo; à Tekchog Dorje, que é a coroa do samsara e do nirvana;

GYEL UEI LUNG TEN YONG DZOK TEN PEI DAK LODRO THAYE KHYE LA SOL UA DEB

E a vós Lodro Thaye, senhor de todos os ensinamentos profetizado pelo Vitorioso.

DOR DJE KU NYE KHA KHYAB DORDJE DANG

Para Khakhyab Dorje, que alcançou o *Dharmakaya*;

PEMA WANG CHOG KHYENTSE OZER GYEL   RIK KUN KHYAB DAK RIK PEI DORDJE SOG

A roda que realiza todos os desejos

Aos vencedores Pema Wangchog [*Gyalpo*] e Khyentse Ozer e Rigpe Dorje, senhor que permeia todas as famílias e outras

TSA GYU LAMA KUNNGO JETSUNMA   GANG GUI MIN
Para a Nobre Senhora que incorpora todos, o lama-raiz e todos os lamas da linhagem, e àqueles

DROL KA BAB GYU PEI SOL   RIM PA DRUK DEN NAM LA SOL WA DEB
que detêm as seis tradições de sua linhagem de amadurecimento, liberação, e dispensação eu oro.

KYE NGAK DZOK PEI RIMPA TARTCHIN TE TCHIMEY YESHE DORDJEI KU TCHOG DRUB
Abençoai-me para que eu realize os estágios de desenvolvimento, mantra e completude e realize o supremo conhecimento primordial, corpo de imortalidade.

GYEL UA KUNKYE Y SHIN KHORLO DANG YERME DON NYI HLUNDRUP DJIN GYI LOB
Possa eu me tornar inseparável da Roda que Realiza Todos os Desejos dá luz a todos os vencedores e espontaneamente realiza os dois benefícios.

Oração aos titulares imagem da prática diária de Tara Branca que foi composta por Kama Ngawang Yontem Gyamtso (Jamgon Kongtrul), em resposta ao pedido de Karma Lhapal, alguém de pura e insuperável fé, Mangalam.

Então, refúgio e bodhicitta:

KON CHOG KUN DU LAMAR KYAB SU CHI DRO LA PEN CHIR YI SHIN KHOR LO DRUB

226

Tomo refugio no Lama, a personificação completa das Três Joias. Vou praticar a Roda que Realiza Todos os Desejos, a fim de beneficiar os seres.

Três vezes

Para reunir as acumulações, recite assim:

RANG NYI DROL MEY TUK SOK O ZER GYI   PAK MA SE TCHEY DUN KHAR TCHEN DRAN GYUR
Com os raios de luz que emanam de meu coração como sendo Tara, eu convido a Nobre Senhora e seus filhos no espaço à minha frente.

BEDZRA SAMADZA
Bedzra samadza

KON TCHO SUM LA DAK KYAB TCHI   DIKPA MIGUEY SO SOR SHAK
Eu me refugio nas três raras e sublimes. Confesso as faltas e ações não-virtuosas.

DRO UEI GEY LA DJE YI RANG   SANGYE DJANG CHUB YI KYI ZUNG
Regozijo-me na virtude de todos os seres. Mantenho minha mente nos Budas e *bodhisattvas*

SANGYE TCHO DANG TSOK CHOG LA   DJANG CHUB BAR DU KYAB SU TCHI
No Buddha, no Dharma e na Sangha eu tomo refúgio até o despertar.

RANG SHEN DON NI RAB DRUB TCHIR   DJANG CHUB SEM NI KYE PAR GUI

A roda que realiza todos os desejos

Para realizar o benefício para mim e [os demais] seres eu gero a mente do despertar.

DJANG TCHUB TCHOG GUI SEM NI KYE GYI NE SEM TCHE TAM TCHE DAK GI DRUN DU NYER

Tendo gerado a sublime mente do despertar, convido todos os seres e aplico minha mente

DJANG TCHUB TCHO TCHOG YI ONG TCHO PAR GYI   DRO LA PEN TCHIR SANGYE DRUB PAR SHOG

na sublime e adorável conduta do despertar. Que eu possa alcançar o estado de Buda para o benefício de todos os seres.

Tendo recitado isso, permanecemos sem mais nos referir ao campo de acumulação.

DRO KUN DE DEN DUG NGEL GYU TCHE DREL

Possam todos os seres serem felizes e livres do sofrimento e suas causas!

DE DANG MI DREL TANG NYOM TCHER NE SHOG

Que eles possam nunca serem separados da felicidade e permanecer na grande equanimidade.

Yoga da geração e recitação:

OM SHUNYATA DJANA BEDZRA SOBHAUA ATMAKO HAM

Om shunyata djana bedzra sobhaua atmako ham

TONG PEI RANG TSEL HUM GUI DRA DANG LE DOR DJEI SUNG KHOR NANG DU TCHU SHEL GYI

Da radiância e da sonoridade de HUM, esplendor natural da vacuidade, surge o círculo protetor adamantino

SHEL ME KHANG U PE KAR DA UEI TENG TAM LE UTPAL KARPO TAM GYI TSEN

No interior do qual está um palácio de pedra cristalina. Em seu centro surge uma flor de lótus e um disco de lua branco. Nesta aparece uma TAM, que se torna uma flor branca utpala marcada pela letra TAM.

O TRO DON NYI DJE DU YONG GYUR LE RANG NYI PAKMA DROLMA DA UEI DOG

A luz que dela emana realiza o duplo bem e se reagrupa [no lótus e na letra] que se transforma; eu apareço como a Nobre Liberadora tendo a cor da lua.

SHI DZUM GEK NYAM OZER NGA DEN TRO DREL UA TCHAG CHA YESHE TCHEN DUN DZE

Pacífica, sorridente, encantadora, irradiando raios de cinco cores. Na fronte, nas palmas de suas duas mãos e nas plantas de seus pés ela está ornada com sete olhos da consciência primordial.

TCHA YE CHOG DJIN YON PEI TEB SIN GYI UTPAL KARPOI DONG BU TUK KAR DZIN

Com sua mão direita faz o gesto da suprema generosidade; com o polegar e anular ao nível do coração, segura a haste de um lótus branco.

DA KAR TOD YOG NA NGUEI METRI SOL NORBU MUTIG TCHU KYE DZE GUIEN PEL

Está vestida com um chale de seda branca e uma saia de cinco cores, amplamente ornada de pérolas, joias lótus e ornamentos.

UTRA LIUA TA PAR TCHING SHING TCHANG DA UAR GYAB TEN DORJE'I KYIL TRUNG SHUG

A roda que realiza todos os desejos

Seus longos cabelos negros estão uma parte presa num coque e o restante cai livremente sobre seus ombros. Está sentada em postura *vajra* numa lua.

NE SSUM OM AH HUM GUI OSER GUYI YESHE SEMPAR

As luzes de OM AH HUM nos três locais convidam os aspectos da consciência primordial.

BEDZRA SAMADZA

Bedzra samadza

DZA HUM BAM HO

Dza hum bam ho

NYI SUM ME PAR TIM

São absorvidos e se tornam indiferenciados.

Recepção das iniciações

LAR   YANG OTRO RIG NGA TCHEN DRANG GYUR UANG HLA NAM KYI   NGO PAR UANG KUR TSOL

De novo a luz emana e convida os (Budas) das cinco famílias. "Divindades de iniciação, eu vos rogo para verdadeiramente me conferirem a iniciação."

SOL WA TAB PEY UANG GUI HLA NAM KYI

Rogando assim às divindades de iniciação, elas respondem:

OM SARUA TATHA GATA ABHIKEKATA SAMAYA SHRI YE HUM

Om Sarua Tatha Gata Abhikekata Samaya Shri Ye Hum

Khenpo Karthar Rinpoche

SHE SUNG UANG KUR KU GANG DRIMA DAG
RIG DAG OPAMED KYI URGYEN GYUR

e nos conferem a iniciação, preenchendo nosso corpo e purificando as impurezas; nossa cabeça torna-se ornada pelo mestre da família Amithaba.

Oferendas

TRUL PEY HLAMO DAG LA TCHOD TCHING TCHOD

Deusas emanadas me fazem oferendas e louvações.

OM ARYA TARE BEDZRA ARGHAM, PADYAM, PUKPE, DUPE, ALOKE, GHENDE, NYUIDE CHAPTA TRATITSA AH HUM SOHA

OM ARYA TARE BEDZRA ARGHAM, PADYAM, PUKPE, DUPE, ALOKE, GHENDE, NYUIDE CHAPTA TRATITSA AH HUM SOHA

Louvações

LHA DANG LHA MIN CHO PEN GYI   SHAB KYI PEMO LA TUD DE

Deusas e asuras inclinam suas cabeças diante do lótus de vossos pés.

PONG PA KUN LE DROL DZEMA   DROLMA YUMLA TCHAG TSEL TOD

Homenagem a vós, Mãe liberadora, que liberais de toda a miséria.

Meditação e recitação

TUG KAR PEDAR KORLO TEBAR TAM   TENG O OHM HA TSIB GYE YI DRU GYE

Ao [nível do] coração, sobre um lótus e uma lua, [encontra-se] uma roda tendo em seu centro [a letra] TAM acima [dela, a letra] OM e abaixo [dela, a letra] HA;

YE KOR TON DEI DON TCHEN YO MED SEL

Elas seguem pela direita, são claras, imóveis e têm a cor de lua do outono.

OM TARE TUTTARE TURE SOHA

OM TARE TUTTARE TURE SOHA

Fazemos assim a parte principal com a recitação do mantra-raiz.

Quando recitarmos com o suplemento da longevidade

TAM TAR OM HLEY BAR DU PEL NGAK   KOD OTRO RANG CHEN TRIB DJANG TSE PEL PEL

Ao redor do TAM está disposto o mantra de longa duração entre OM e a HA; a luz que dele se irradia dissipa os véus de si e dos outros, aumentado a glória e a longevidade.

PAG TCHO   DJINLAB TEN YOD TSE TCHU DU RANG TIM TSE DANG YESHE TCHOG TOB GYUR

Ela faz oferendas aos Nobres, reagrupa as suas bênçãos assim como a quintessência vital de tudo o que é móvel e imóvel. Fundindo-se em nós, obtemos a suprema longevidade e conhecimento primordial.

OM TARE TUTTARE TURE MAMA AYU PUNYE JNANA PUKTRIM KURU SO HA

OM TARE TUTTARE TURE MAMA AYU PUNYE JNANA PUKTRIM KURU SO HA

Para a prática cotidiana e a realização da longevidade, recitamos principalmente isso. Ocasionalmente:

RIG DAG LAME TCHIME TSE UANG TSEL   GU PEY GYU KUL DE YI TUG O KYI

Lama, Mestre da família, concedei-me a iniciação da vida imortal. Exortando assim sua mente, de seu coração emana uma luz;

KORDE TEN YOI TSE TCHU DRAM MA DU   HUNG DZE NANG CHUG CHU KOL KANE LUD

Ela reúne a quintessência vital do samsara e do nirvana, de tudo o que é móvel e imóvel e se funde entrando dentro de sua tigela de esmola.

RANG LU TCHIME DUD TSI GANG UANG GYUR

O néctar da imortalidade ferve e transborda pela abertura, ele preenche todo o meu corpo.

Visualizando assim, recite:

OM TARE TUTTARE TURE MAMA AYU PUNYE JNANA PUKTRIM KURU SOHA

Om tare tuttare ture mama ayu punye jnana puktrim kuru soha

no final da sessão, a dissolução e reaparição

NO TCHU OD CHU TAM DANG DAG NYI KYANG MI MIG OSEL   TCHADJA TCHEN MOR TIM

O mundo e seu conteúdo [os seres] se fundem em luz, a letra TAM e eu mesmo somos absorvidos na clara luz do Mahamudra sem referências.

LAR YANG PAK MEI KUR   SEL DRU SUM TSEN CHO KUN HLA NGAK YE SHE ROL PAO

De novo [eu reapareço] claramente como o corpo do Nobre marcado pelas três sílabas. Todos os fenômenos são o jogo da divindade, do mantra e do conhecimento primordial.

A roda que realiza todos os desejos

Se oferecermos uma torma

RAM YAM KHAM

Ram yam kham

RIN TCHEN NO DU DRU SUM O DU SHU   TOR MA ZAG MEY DUTSI GYAM TSOR GYUR

As três letras no interior de um precioso recipiente se fundem em luz, a torma torna-se um oceano de nectar imaculado.

OM AH HUM (*3 vezes*)

Om ah hum

TUG SOG O KYI SE CHE DJETSUMA   DUN KAR TCHEN DRANG

Uma luz emanando do meu coração convida a Venerável e seus filhos no céu à minha frente.

BEDZRA SAMADZA

Bedzra samadza

PEMA KAMALA YA SA TAM

Pema kamala ya sa tam

oferecemos [a torma] repetindo 3 vezes:

OM TARE TUTTARE SAPARI UARA IDAM BALINGTA KAKA KAHI KAHI

Om tare tuttare sapari uara idam balingta kaka kahi kahi

Fazer as oferendas [exteriores] com:

Khenpo Karthar Rinpoche

OM ARYA TARE BEDZRA ARGHAM, PADYAM, PUPE, DUPE, ALOKE, GHENDE, NYUIDE, CHAPTA TRATITSA AH HUM SOHA

Om arya tare bedzra argham, padyam, pupe, dupe, aloke, ghende, nyuide, chapta tratitsa ah hum soha

KHOR UA LE DROL TA RE MA   TU TA RE YI DJIK GYE DROL

Mãe Tara que liberais do *samsara*, que com TUTTARE liberais dos oito medos.

TU RE NA UA NAM LE DROL   DROL MA LA YANG CHAG TSEL TOD

E com TURE desembaraceis de todas as doenças; Liberadora, eu vos rendo homeagem e vos louvo!

PAK MA GYEL UA SE TCHE KYI   TCHO TOR SHE LA DAK KHOR TCHE

Nobre, com os Vencedores e seus filhos, aceitai esta torma de oferenda;

TAK TU SUNG KYOB DJIN GYI LOB   TCHO TCHOD YUN RING TSO UA DANG

Guardai sempre meu séquito e a mim mesmo sob vossa proteção, que a prática do Dharma dure por muito tempo;

CHOG TUN NGO DRUB MA LU TSOL

Concedei-me tudo o que é necessário assim como as realizações ordinárias e supremas.

Com o mantra de 100 sílabas confesse todos os erros. Se você não tiver um suporte [imagem da divindade], [as divindades] partirão com BENZRA SAMU. Se você tiver um suporte, convide as divindades para nele permanecerem com OM SUTRA TIKTA BENZRA YE SOHA

GUE DI GUIEL YUM SHERAB PAROL TCHIN D   A   G CHEN   DRO UA KUN GYI NYUR DRUB TCHING

Por esta virtude, possa eu e todos os seres rapidamente alcançar o estado da Mãe dos Vitoriosos, a perfeição do conhecimento primordial, Prajnaparamita.

KYE KUN JE TSUN DROL MEY DJE SU DJUNG TSE DANG YE SHE GYE PEI TRA SHI SHOK

Em todas os nossos renascimentos, possa a Venerável Tara zelar-nos com sua compaixão. Possam os excelentes auspícios florescer, assim como uma longa vida e conhecimento primordial.

Por meio dessas preces de dedicatória, aspiração e auspiciosiddes, possa haver boa sorte!

HLAK PEI HLA TCHOG KUN LE KYANG   DJIN LAB NYUR SHING TSE PELMA

Ela é a única que aumenta a vida. Suas bênçãos são ainda mais rápidas do que todos as divindades mais exaltadas.

JO UO LUG SHIN DRUB PEI TAB   DIR DREL KUN GYI TCHOG DRUB CHOG

Possa qualquer um que esteja conectado com esta prática, que é a tradição de Senhor Atisha, atingir a realização suprema!

Esta prática diária da Nobre Senhora foi composta por Lodro Thaye em resposta a um pedido e oferendas e substâncias divinas pela detentora da sabedoria e dakini Pema Tsewang Palmo.

Foi composta em um excelente momento durante o segundo a "alegria" da lua crescente, durante o mês de milagres em Devikoti em Nyingpo Takten Gatsal. Que ela possa se espalhar e possa a virtude e a bondade aumentar!

Khenpo Karthar Rinpoche

Apêndice C

Verdadeiras Palavras de Longevidade
Composta pelo 17º Gialwa Karmapa
Ogyen Trinle Palden Wang Dorje

KAL PA MANG POR RANG COM TSOK NYI LAM TAR TCHIN DREI
Após ter completado o caminho das duas acumulações durante muitos kalpas, você

BUI TCHO KUR NE GYUR TCHING   NYAM ME YON TEN TA YEH ME DJUNG PEL
tornou-se o seu resultado, o *Dharmakaya*. Esplendor sem limites de qualidades inigualáveis – vitoriosos dos

DU SUM GYEL UA NAM KYI GE LEK TSOL   TCHO MIN DE PEY LA MEI KA
três tempos, dotado de virtude e excelência. Detentor de uma fé inabalável, você ouve as palavras do guru como

TARNYEN   LUNG RIK DU TSI TUK KYI BUM ZANG TAM   SHEY DRUB
comandos. O bom vaso do seu coração é preenchido com o néctar das escrituras e da razão.

LE LA TAK GU TSON PE SHUK   GYEL TEN DEK PEI DAM PA SHAB TEN   SOL
Seu esforço no ensino e na prática é contínuo e dedicado. Possam os pés de lótus deste defensor genuíno

OL NGON MEY ULDU CHOKYI DRON MEPAR   RI ME DRO LA SEM KYI DE

A roda que realiza todos os desejos

da doutrina dos vencedores permanecer firme. Você acendeu a tocha do Dharma em um país onde ele não existia. Você

KYITRUN TSEME SHIDEI LAM LATAK PARNEY KYON ME TRIM DEN

imparcialmente deu origem a felicidade nas mentes dos seres. Você sempre permaneceu no caminho da paz inofensiva

DAMPA SHAB TENSOL NAM DAK GE UEI LHAK SAM DRIME DANG LU

e da alegria. Que os pés deste genuino monge impecável permaneçam firmes. Por meio da virtude firme, pura altruísta,

ME MON LAM ZANG DANG TU TSEN PO DO PEI DRE ZANG NYUR DU DZOK DANG

e através do poder das infalíveis boas aspirações, possa o bom resultado que desejamos ser rapidamente alcançado,

LHEN KUN LANANG UA KARPO KHAB GYUR CHIK

e tudo possa ser preenchido com o esplendor da virtude.

Em resposta ao pedido sincero dos discípulos de Khenpo Karthar Rinpoche para uma súplica de longevidade como esta, isso foi escrito imediatamente em Gyuto Monastery na Índia em 03 de maio de 2002, por Ogyen Trinley Palden Dorje Wangi, que leva o nome de Karmapa.

Apendice D

A Cronologia da Linhagem Direta Karma Kagyu para a Prática de Tara Branca

956-1040   Ngagi Wangchug (Vagishvarakirti)

?   Serlingpa (Suvamadvipi)

982-1054   Lord Atisha (Atisha Dipamkara)

1005-1064   Dromtonpa

1038-1103   Chennga Tsultrim Bar

?   Yepay Drepa

1079-1159   Gampopa (Dhakpo Lhaje)

1110-1193   Dusum Khyenpa (o 1º Karmapa)

1088-1158   Drogon Rechenpa (encarnação anterior do primeiro Tai Situ)

?   Pomdrakpa

1206-1283   Karma Pakshi (Chokyi Lama, o 2º Karmapa)

1230-1309   Orgyenpa

1284-1339   Rangjung Dorje (o 3º Karmapa)

1284-1365   Yungten Dorje Pal (Yungton Shipo)

1340-1383   Rolpe Dorje (o 4º Karmapa)

1350-1405   Khacha Wangpo (o 2º Shamarpa)

1384-1415   Deshin Shekpa (o 5º Karmapa)

?   Rigpe Raldri (Pandita Sowon Kashipa)

1416-1453   Tongwa DBnden (o 6º Karmapa)

?   Bengar Jampal Zangpo

1427-1489   Lord Goshri (o 1º Gyaltsap Rinpoche)

1454-1506   Chddrak Gyamtso (o 7º Karmapa)

?   Sangye Nyenpa (o *siddha* Tashi Paljor)

1507-1554   Mikyo Dorje (o 8º Karmapa)

1525-1583   Konchog Bang (Konchok Yenlak, o 5º Shamarpa)

1556-1603   Wangchug Dorje (o 9º Karmapa)

1584-1630   Chokyi Wangchug (o 6º Shamarpa)

?   Namdaktsen (Karma Namdak)

1613-1678   Karma Chagme

?   Dulmo Choje

1659-1732   Palchenpo Chokyi Dondrup (o 8º Shamarpa)

1700-1774   Tenpai Nyinje (o 8º Tai Situ)

1733-1797   Dudul Dorje (o 13º Karmapa)

1774-1853   Pema Nyinje Wangpo (o 9º Tai Situ)

1798-1868   Tekchog Dorje (o 14º Karmapa) 1813-1899
Lodro Thaye (o 1º Jamgon Kongtrul)

1871-1922   Khakhyab Dorje (o 15º Karmapa)

1886-1952   Pema Wangchog Gyalpo (o 11º Tai Situ)

1904-1953   Khyentse Ozer (o 2º Kongtrul – um dos cinco)

1924-1981   Rigpe Dorje (o 16º Karmapa)

Que muitos seres sejam beneficiados.

Para maiores informações sobre lançamentos da
Lúcida Letra, cadastre-se em
www.lucidaletra.com.br

Impresso em setembro de 2017
na gráfica Vozes.